Haz Que Valga

*La Historia Real de un Piloto de Spitfire
Sobre Coraje y Supervivencia en la Segunda
Guerra Mundial*

Ken Cam

Copyright © 2025 por Peter Cam

Todos los derechos reservados.

Ninguna parte de este libro puede ser reproducida, almacenada o transmitida, por ningún medio, ya sea electrónico, mecánico, mediante fotocopia, grabación o cualquier sistema de almacenamiento y recuperación de información, sin el permiso previo y por escrito del titular de los derechos, salvo en el caso de citas breves utilizadas en reseñas o críticas literarias.

Para consultas editoriales o relacionadas con la publicación, por favor contacta con:

michael@published-authority.com

*Aquí está el libro, al fin llegó,
lleno de historias que el tiempo dejó.
Nada es invento, todo es real,
y ahora lo tienes, sin más que añadir.
Pasa las hojas, sigue el compás,
y solo recuerda:
"Hice lo que pude, nada más."*

— Papá

Índice

Cuatro Semanas	vii
Prefacio	ix
1. Primera Misión	1
2. Infancia	4
3. Los Tambores de Guerra	8
4. Llamado a Filas	12
5. Instrucción	15
6. Escuela Teórica de Tripulaciones Aéreas	19
7. Escuela Elemental de Vuelo	23
8. Escuela de Entrenamiento de Vuelo Militar	27
9. Unidad de Entrenamiento Operacional	33
10. La Primera Escuadrilla de Caza	37
11. Operaciones	45
12. Más de lo Mismo	51
13. Cornualles	56
14. Desvíos de la Rutina	60
15. Embarque y Desembarco	70
16. Campaña Llamada "Torch"	77
17. La Temporada Navideña de 1942	84
18. La Campaña Continúa	90
19. Las Etapas Finales de "Torch"	94
20. Un Cambio Vale Tanto Como un Descanso	101
21. El Viaje en Barco	109
22. Una Vida Bajo Las Olas Del Océano	114
23. Italia Continental	119
24. Viaje en Tren Número Uno	123
25. Confinamiento en Solitario	126
26. Mi Nueva Vida	130
27. En Marcha Otra Vez	134
28. Moosburg – Fuerte Bismarck – Weinburg – Sagan	138
29. Stalag Luft III - Sagan	143
30. El Año 1944	151
31. En Marcha de Nuevo	158
32. Descansa y da Gracias	163

33. Liberación	167
34. Rumbo a Casa	173
35. Por Fin en Casa	177
36. Rehabilitación y la RAF	180
37. De Nuevo en Movimiento	186
38. Incidentes en Palestina	191
39. Una Felicitación – Una Mancha – y Un Motivo de Orgullo	202
40. El Viaje de Regreso	208
41. Última Misión	213
La Vida de Ken Cam Después de la Guerra	217

Cuatro Semanas

Cuando Ken Cam se alistó en la Fuerza Aérea Británica, la esperanza de vida media de un piloto de Spitfire era de apenas cuatro semanas.

Ken voló durante más de cuatro años.

Esta es su historia.

Prefacio

No estoy muy seguro de la diferencia técnica entre una introducción, un prólogo o un prefacio, así que supongo que estoy metiéndome en terreno pantanoso. Inicialmente, fueron mis hijos, David y Peter, quienes me pidieron que escribiera sobre mis historias de guerra, pero he ampliado un poco el encargo para incluir también recuerdos de mi infancia, el inicio de la guerra, mi salida del entorno seguro del hogar y algunas memorias posteriores al conflicto.

En lo que respecta a las páginas sobre la guerra —y habiendo leído a otros autores (si se me permite considerarme uno de ellos)— he notado que en muchos de esos relatos aparecen fragmentos que, en la época, mis compañeros de escuadrón habrían llamado "echar el rollo"*. Este tipo de exageración, aunque pueda hacer gracia a nuestros amigos americanos, no me parece muy propio del carácter británico, como suele decirse, y por eso he hecho todo lo posible por evitar caer en esa trampa.

Las opiniones que expreso son mías, acertadas o no, y los hechos relatados son tan fieles a la realidad como la memoria me ha permitido.

---

* *"Echar el rollo"* (*Line Shooting*) era una expresión coloquial entre militares británicos que se usaba para describir historias exageradas, fanfarronadas o relatos demasiado heroicos sobre la experiencia en combate.

Prefacio

De corazón espero que las palabras que encontraréis en estas páginas os resulten interesantes.

Betty —o Mamá, o la Abuela, según quien lea esto— tuvo la generosidad de mecanografiar todo el manuscrito. El proyecto ha sido, por tanto, un esfuerzo conjunto. Comenzó a finales del verano de 1997, exactamente cincuenta años después de que dejara la RAF en octubre de 1947.

Así que ahora, David y Peter, leed con atención... y recordad que fuisteis vosotros quienes lo pedisteis.

Ken Cam
Lancashire
Julio de 1999

Capítulo 1

Primera Misión

C ruzamos la costa y vi que el comandante había elegido un rumbo casi exactamente hacia el este. Iba a ser otro día precioso. Como este vuelo era a muy baja altitud (para evitar los radares alemanes instalados en Sicilia), era poco probable que encontráramos resistencia. Por una vez, esperaba disfrutar de un vuelo tranquilo.

De pronto, vi un pequeño soplo de humo blanco salir de uno de los tubos de escape. "No puede ser", pensé. Sabía perfectamente lo que significaba ese humo blanco: un fallo mecánico en el motor. Contuve la respiración, esperando otra señal. Pasó un minuto, quizá dos, y entonces, para mi horror, vi otro soplo... y otro más, hasta que se convirtió en un chorro constante. Miré el indicador de temperatura del radiador: estaba subiendo.

Abrí la compuerta del radiador para dejar entrar más aire frío. No sirvió absolutamente de nada. Estaba claro: tenía un problema serio, y para colmo estábamos sobre el mar. Pulsé para transmitir:

—Azul Uno (o el color que tuviera asignado en ese momento) a Líder – Fuga de glicol – Apago motor.

Tenía dos opciones: amerizar en el mar o intentar ganar suficiente altitud para luego saltar en paracaídas. El motor seguía funcionando, y aunque el vuelo era inestable, mantenía la velocidad. Decidí intentar subir. No me hacía ninguna gracia amerizar: un Spitfire se hunde siete segundos después de tocar el agua.

Tiré del mecanismo de eyección de la cúpula y la solté. Luego desenchufé el cable de la radio, me quité el casco y lo arrojé fuera. Ya no estaba en contacto con los demás aviones.

Comencé a subir suavemente, manteniendo el rumbo hacia el este. Logré alcanzar unos seiscientos metros de altitud, en pequeños empujones, hasta que el motor gripó y la hélice se detuvo. Me sabía de memoria los procedimientos de evacuación. Había que voltear el avión y empujar la palanca hacia adelante al salir, para ayudar a que el cuerpo saliera del habitáculo. El bote inflable estaba situado entre el paracaídas y mi trasero. Justo antes de tocar el agua, había que soltar el arnés del paracaídas. Eso accionaba un sistema que destapaba el bote, que supuestamente debía caer cerca de ti. Una pequeña botella de gas comprimido se encargaba de inflarlo.

Empecé la maniobra, y al girar el avión boca abajo, vi dos pequeños promontorios de tierra asomando entre la neblina matinal. Seguí girando, nivelé el avión y me fijé bien. Sí, era tierra, pero ¿dónde y qué era? No teníamos mapas de la zona, y desde luego yo no llevaba ninguno. De todas formas, pensé que era mejor estrellarse cerca de tierra que en mitad del mar.

Me volví a abrochar los arneses y decidí investigar más de cerca. Quizá, con algo de suerte, podría estrellar el avión sobre tierra firme. Era una tercera opción que, hasta unos minutos antes, ni me había planteado. Mientras descendía, el resto del escuadrón también dio un par de vueltas, y al ver lo que estaba intentando, viraron al este y siguieron con la misión.

A medida que bajaba, llegué a una altitud demasiado baja como para saltar en paracaídas, así que ya no había marcha atrás.

Pronto vi que se trataba de una pequeña isla con un par de antiguos volcanes apagados. Busqué desesperadamente una zona plana para aterrizar. La mejor —y, en realidad, la única— era una franja en el lado este de la isla. Me preparé para el aterrizaje. Hice un par de eses para ajustar la altitud y la trayectoria. Ajusté y apreté los arneses una y otra vez. En la aproximación final, cerré el paso de combustible, apagué todos los interruptores y bajé el asiento al máximo. Me acercaba demasiado rápido, así que tiré del mando de control una o dos veces, pero no pareció surtir efecto. El tiempo se me echaba encima, y como podrás imaginar, no había opción a un segundo intento.

En cuestión de segundos repasé mentalmente todo el procedimiento para un aterrizaje sin tren. Lo había hecho todo como era debido. Justo antes de tocar tierra, miré el indicador de velocidad y me di cuenta de que iba demasiado rápido... pero ya no podía hacer nada.

Se oyó un gran crujido, y trozos de hélice salieron volando. Choqué contra lo que parecía un pequeño muro de piedra. Muchos años después, cuando volví a la isla y vi que allí no había ningún muro, supe que, en realidad, había atravesado una barrera de cactus de poco más de un metro de altura. Aun así, el impacto me lanzó en un giro brutal. Ese movimiento violento arrancó ambas alas, y seguí rodando sin control.

Después de sortear algunos obstáculos más, di un par de volteretas y perdí la parte trasera del fuselaje. Fui consciente de todo lo que estaba ocurriendo, y al final, lo que quedaba del Spitfire se clavó de morro en una loma. Por fin, quedé inmóvil.

No oía nada. No sentía nada. No veía nada.

Literalmente, pensé que estaba muerto.

Capítulo 2

Infancia

Conviene decir desde el principio que mi infancia fue una etapa feliz, aunque estricta y, según los estándares actuales, algo limitada. Nací en Blackpool, Inglaterra, el 4 de agosto de 1921, en un hogar formado por mi padre, mi madre, mi abuela materna y mi hermana Kathleen, que por entonces tenía unos dos años y medio. Aunque en casa no faltaba el dinero en aquella época, a los niños se nos restringía mucho el gasto. Sin embargo, no lo vivíamos como un problema, porque disfrutábamos enormemente de lo poco que se nos daba. Recuerdo que Kathleen y yo solíamos bajar hasta el final de King George Avenue y, girando la esquina hacia Holmfield Road, llegábamos a una pequeña tienda de golosinas, apretando con fuerza nuestro penique semanal. A veces nos dejábamos llevar por el impulso y lo gastábamos entero en dos onzas de caramelos; otras veces, comprábamos una sola onza y guardábamos la otra media moneda para volver más adelante en la semana. No estaba bien visto presumir de tener dinero —ni siquiera dar esa impresión—, y esa lección nos marcó para siempre. Años más tarde nos contaron que, de pequeños, no pedíamos nunca nada, lo que sugiere que la idea de vivir dentro de nuestras posibilidades caló hondo... y bien que nos ha servido a lo largo de la vida. Nunca nos faltó de nada. No pretendo ser moralista, simplemente intento recuperar pensamientos de aquella infancia.

Haz Que Valga

Recuerdo que, con cuatro años, conocí el lado menos amable del cinturón de cuero: una correa de afeitar especialmente recortada en el extremo para parecerse a un látigo. El motivo fue que me regalaron un triciclo, que me hacía muchísima ilusión. Tengamos en cuenta que en los años veinte apenas había tráfico, y un día, durante los primeros tiempos de las Iluminaciones de Blackpool, decidí emprender una aventura y pedaleé hasta Pleasure Beach por el paseo marítimo (no por la carretera), desapareciendo durante horas. Recuerdo esquivar a los peatones mientras avanzaba. Mientras tanto, toda la familia me buscaba, incluida la Policía. Según me contaron, fue mi abuela quien me vio cuando regresaba, cerca del Hotel Manchester. Me escondí debajo de la mesa de la cocina, acorralado por mi padre, que tenía una pierna algo rígida y no lograba alcanzarme bien con la correa. El castigo se completó con enviarme a la cama y la retirada temporal del triciclo.

Para entonces, Kathleen ya había empezado el colegio, en un centro privado pequeño llamado Langdale School, en Argyle Road, y yo estaba deseando unirme a ella. Me concedieron el deseo y empecé el colegio poco antes de cumplir los cinco años. Mi hermana fue la primera alumna en aprobar el examen de acceso a la secundaria desde ese colegio —¡una hazaña nada despreciable!

Por esa época, cuando yo tenía entre cinco y seis años, mi padre mandó construir un garaje al final del jardín trasero, bastante largo, y poco después llegó un coche nuevo. Era un Hillman de 14 caballos del año 1927, un sedán familiar de color burdeos con las llantas de radios pintadas en crema. Muy espacioso, con jarrones para flores y detalles de lujo. Aún conservamos la factura original: el coche costó 400 libras, ya listo para circular. El seguro no era obligatorio por entonces, y el permiso de conducir costaba cinco chelines (25 peniques). Por supuesto, no existían los exámenes de conducir. Nuestro vecino, el señor Brierley, tenía chófer, y era él quien enseñaba a mi madre a conducir. Para entonces, mi padre ya había dejado de conducir, sin duda por el asma que empezaba a afectarle y los posteriores problemas de corazón.

En aquel coche hacíamos excursiones a sitios como Backbarrow, Malham Tarn en Yorkshire, Semerwater, el norte de Gales pasando por Llangollen, el lago Bala, Barmouth, y otros lugares por el estilo. De vez en cuando, nos cruzábamos con otro coche... tal vez uno cada media hora.

*Los padres y la hermana de Ken sentados frente al Hillman saloon.
Aproximadamente 1919.*

Las vacaciones y los picnics se volvieron algo frecuente, aunque mi padre nunca quiso alojarse en hoteles —nunca supimos por qué—, así que cuando salíamos, nos quedábamos con amigos o en granjas recomendadas. Algunos de nuestros destinos favoritos eran el Trough of Bowland, Dunsop Bridge, Abbeystead... Lugares encantadores. Recuerdo que en dos ocasiones nos alojamos en una granja a las afueras de Llangollen, e hicimos dos intentos fallidos de subir al monte Snowdon con el tren de cremallera. A día de hoy, aún no he conseguido hacerlo.

Y así transcurrió la vida, hasta que en 1932, la salud de mi padre se deterioró rápidamente y falleció en junio. Aquel día en concreto, Kathleen y yo estábamos sentados en sillas de lona en el garaje, cuando me incorporé de golpe y dije: "Papá ha muerto". No sé cómo lo supe.

No nos dejaron asistir al funeral. Tiempo después nos mudamos de casa y vendimos el coche. Kathleen ya iba al colegio Blackpool Collegiate School, y yo fui trasladado a Claremont School, donde estuve poco tiempo antes de pasar al instituto. Empecé a notar mucho la falta de mi padre: vivir con tres mujeres me hacía sentir que no tenía una figura masculina a quien recurrir. Aparte de eso, la vida en casa era buena, y desde entonces siempre he sido muy casero.

Y así dio comienzo la siguiente etapa de mi vida.

Capítulo 3

Los Tambores de Guerra

El año 1939 trajo consigo los primeros tambores de guerra en Europa. Herr Hitler estaba decidido a convertirse en el amo del continente y seguía invadiendo países vecinos para incorporarlos a su dominio. Para julio de ese año, ya se había apropiado de una buena parte del mapa, y sus intenciones eran claras. Esto, por supuesto, era inaceptable para las autoridades del Reino Unido. Finalmente, se envió al señor Chamberlain para enfrentarse a Hitler y exigirle una declaración formal de que pondría fin a su proyecto de dominación europea.

El domingo 3 de septiembre de 1939, a las once de la mañana, Chamberlain anunció por la radio que el Reino Unido estaba en guerra con Alemania, ya que no se había recibido declaración alguna por parte de Hitler. Esta noticia fue un auténtico shock, sobre todo para quienes ya habían vivido los horrores de la Gran Guerra de 1914-1918. Para nosotros, los jóvenes, en nuestra ignorancia, daba la impresión de que todo aquello desaparecería rápidamente. Al mismo tiempo, esperábamos que los bombarderos alemanes aparecieran en cualquier momento sobre nuestros cielos. Aun así, los preparativos para la guerra comenzaron de inmediato. Aquellos que habían formado parte del Ejército Territorial fueron movilizados sin demora y enviados a sus unidades para comenzar un entrenamiento intensivo.

Haz Que Valga

Visto con perspectiva, el país no estaba preparado para una guerra, y la falta de equipo era asombrosa. Se pusieron en marcha medidas para resistir una posible invasión, y se construyeron barricadas en las entradas de pueblos y ciudades, especialmente en zonas costeras. A finales de año, esas defensas —incluidas pequeñas casamatas— necesitaban personal para vigilarlas. Así nació la organización conocida como Voluntarios de Defensa Local (LDV, por sus siglas en inglés). Al parecer, yo estaba muy dispuesto a ayudar y me alisté enseguida en la delegación de Blackpool. Nuestro cuartel general estaba en el sótano del Ayuntamiento, en Talbot Square, donde nos entregaron brazaletes identificativos y un mango de pico como única arma. No recuerdo cuántas noches por semana hacíamos guardia, pero dormíamos en camas incómodas en el sótano y, creo, hacíamos turnos de dos horas de vigilancia por dos de descanso.

Nuestra tarea consistía en detener los vehículos que pasaban por un punto de control y pedir los documentos de identidad a todos los ocupantes. Estoy convencido de que no inspirábamos mucho respeto, siendo chavales armados solo con un palo, y no faltaban los comentarios groseros mientras intentábamos cumplir con nuestro deber. Más adelante nos dieron fusiles Ross de la Primera Guerra Mundial, aún más aparatosos. Eso sí, no nos proporcionaron munición —pero eso era secreto, claro.

Durante esas largas noches, a veces íbamos a una cafetería nocturna en Coronation Street, donde, por dos peniques, nos servían un plato de lo que llamaban "Loose Stuff". Era el caldo que quedaba de un estofado. Si tenías suerte, te tocaban patatas, cebolla o incluso un trozo de carne. Pero ya se sabe: a falta de pan... Y con una cuchara y una rebanada de pan gruesa, nos apañábamos. Aun así, era una distracción agradable y bienvenida.

Los preparativos de todo tipo se aceleraron, y tanto el ejército profesional como el Territorial fueron enviados a Francia para frenar el avance de Hitler. No me cabe duda de que la Fuerza Expedicionaria Británica (BEF) hizo todo lo posible con el escaso equipo del que disponía, pero no fue rival para las tropas alemanas, ya experimentadas y bien pertrechadas. La campaña acabó en junio de 1940 con su colapso y la famosa retirada de Dunkerque. Se utilizaron todo tipo de embarcaciones para cruzar el Canal de la Mancha y rescatar al mayor número posible de hombres. Por supuesto, algunos fueron capturados y permanecieron como prisioneros de guerra durante cinco años, hasta el final del conflicto.

A principios de junio de 1940, debí de llegar a la conclusión de que mi aportación en la LDV no era suficiente, y que debía ofrecerme para algo más serio. Así que un amigo y yo fuimos a la oficina de empleo en Tyldesley Road, que se había convertido en centro de reclutamiento. Nuestra elección fue la Fuerza Aérea Británica, o en inglés la Royal Air Force (RAF). Como voluntarios, podíamos optar por el ejército, la marina o el aire. A los dos nos atraía todo lo mecánico, así que rellenamos la solicitud con eso en mente. El encargado, al leer nuestros formularios, vio que habíamos ido al instituto y tachó la palabra "Mecánico", sustituyéndola por "Piloto en formación" y "Observador aéreo" (UT, *under training*). La idea nos entusiasmó, aunque yo seguí diciendo a mi madre que me había ofrecido como mecánico. Tiempo después tuve que admitir cuál era mi verdadera intención.

A los pocos días recibí una carta y un billete de tren para presentarme en una iglesia de Fishergate, en Preston, para un reconocimiento médico. Creo que el propósito era comprobar que tenía todos los miembros, vista, oído, etc. Duró unos cinco minutos y volví a casa.

Poco después, llegó otra carta y un nuevo billete de tren, esta vez con destino a la base de la RAF en Padgate, cerca de Warrington. Me informaron de que estaría allí unos días para pasar pruebas médicas y académicas más intensivas. El reconocimiento médico duró varias horas y se repartió en un par de días. Luego vinieron los exámenes educativos. Por desgracia, mi amigo suspendió álgebra o algo por el estilo, y le dijeron que podía volver a presentarse en seis meses. Yo, habiendo pasado todas las pruebas, fui llevado junto al resto de candidatos seleccionados a una sala para la juramentación.

Esa palabra no me decía nada, pero pronto supe de qué iba. Hasta ese momento, el trato había sido bastante cortés. Pero al salir de la sala, después de prestar juramento de lealtad al Rey y firmar el documento correspondiente, nos reunieron fuera... y ahí empezó el verdadero choque. Apareció un cabo que, a gritos, nos ordenó formar en escuadra. El trato amable se acabó de golpe, y entre voces y gritos nos llevaron hasta la estación para regresar a casa. Firmar aquel papel de alistamiento nos había lanzado de lleno a otro mundo.

Mientras estábamos en Padgate, escuchamos nuestro primer bombardeo nocturno. Iba dirigido a Manchester o Liverpool, no lo recuerdo con exactitud, pero fue sin duda una muestra de lo que se avecinaba. El acto final del cabo fue entregarnos el billete de tren y despedirse de forma bastante brusca, recordándonos que ya estábamos sometidos a las normas y regulaciones del servicio militar, y que habíamos firmado hasta el final de la "emergencia actual"... fuera cuando fuera eso. Todo sonaba bastante ominoso, aunque también había un cierto aire de aventura, expectativa y, cómo no, orgullo. Íbamos a *hacer nuestra parte por el país*, fuera grande o pequeña.

Subimos a nuestros respectivos trenes y regresamos a casa, a la espera del siguiente paso.

Ken, con 18 años

Capítulo 4

Llamado a Filas

E l aviso llegó antes de lo que esperaba. Avisé en la oficina de mi marcha y de la fecha en la que me iría. Aun así, logré tomarme una semana de vacaciones en mi lugar favorito, Backbarrow, junto a mi amigo Douglas. Conseguí alquilar una pequeña moto por 2 chelines y 6 peniques (unos 12 céntimos de libra) para toda la semana.

El racionamiento de gasolina ya había comenzado, así que tuvimos que andar con ojo. Lo pasamos bien, salvo por una noche en la que fuimos en moto a Ulverston para ir al cine. Al salir, descubrimos que alguien le había rajado una rueda a Douglas con un cuchillo. Quitamos la rueda, y me fui con ella sobre el manillar rumbo a un taller en Greenodd, que pensaba que estaría abierto hasta tarde. Ya había oscurecido, y cuando estaba a unos 100 metros del taller, un agente especial me detuvo. El resultado fue que me citaron para comparecer ante el tribunal de magistrados de Ulverston una o dos semanas después de mi regreso.

Ken (delante), con su amigo Douglas Maxwell

El mecánico de Greenodd reparó la rueda y, con el permiso del

Haz Que Valga

agente, volví a Ulverston. Montamos la rueda de nuevo, la moto volvió a estar operativa y regresamos a Backbarrow. La denuncia era por conducir de noche sin el protector obligatorio en el faro. Recibir aquella citación fue una experiencia demoledora, así que hablé con el señor Barker, en cuya casa nos alojábamos. Como no tenía ni el dinero ni la posibilidad de volver a Ulverston, me recomendó escribir al secretario del tribunal para disculparme por no poder asistir.

El señor Barker asistió al juicio como espectador y luego me contó que había tres acusados por la misma infracción. Al primero le impusieron una multa de 5 chelines (25 peniques); al segundo, una libra; y a mí, que era el tercero, debí de caerle mal al magistrado, porque exclamó que "¡estos actos criminales deben acabar ya!" y me multó con ¡dos libras!. Al llegar a casa, recibí una notificación con la fecha límite para pagar la multa, y me pregunté cómo demonios iba a reunir semejante suma. Finalmente, tuve que ir con mi madre y decirle que no tenía las dos libras. Su respuesta fue tajante:

—Pues tendrás que ir a la cárcel.

Pasé un par de días dándole vueltas, preguntándome qué iba a hacer, hasta que, por suerte, se apiadó de mí y me dio un giro postal por las dos libras, que envié de inmediato. ¡Eso sí que fue una lección!

Llegó el día de mi partida para incorporarme a la RAF. Me levanté temprano y preparé mis cosas.

Mi madre me acompañó hasta la puerta, con las típicas instrucciones paternas sobre lo que debía y no debía hacer. Como era de esperar, la despedida fue más bien sobria, sin gestos de emoción. Al llegar a la verja del jardín, me giré para despedirme con la mano. Sin embargo, me preocupaba la falta de dinero, así que volví a subir los escalones y le dije que solo llevaba quince chelines (75 peniques). Su respuesta fue clara y directa:

—Pues... haz que valga.

Y, por supuesto, eso hice.

Ken con su madre Edith y su abuela Albina al fondo

Con mi pequeño maletín, donde llevaba mis cosas de aseo y algo de ropa, presenté el billete militar en la estación de Blackpool North. Mi destino era Torquay, y debía presentarme en el centro de recepción de la RAF en un hotel de Babbacombe. El trayecto era vía Crewe y Bristol, y duró todo el día hasta bien entrada la noche. Los trenes y los servicios ya comenzaban a resentirse.

En el tren desde Bristol, un vicario y su esposa se sentaron en mi compartimento. Empezaron a conversar y me preguntaron adónde iba. Les respondí:

—A unirme a la RAF. Me entrenaré para ser piloto u observador aéreo.

Es decir, si uno fallaba en el curso de piloto, lo pasaban a navegación, y si también fallaba, acababa como operador de radio y artillero. Vamos, que una vez dentro, no pensaban dejarte escapar. Al oír todo esto, la esposa del vicario rompió a llorar y estuvo sollozando largo rato. No comprendí del todo por qué, pero me dio una nota con su nombre y dirección, y me arrancó la promesa de que iría a visitarlos a su casa siempre que pudiera. Fue un gesto entrañable... aunque nunca volví a verlos, y he olvidado por completo dónde vivían.

Al llegar a la estación de Torquay ya de noche, nos localizó un cabo con buen ojo, atento a todo joven que llevara paquetes o maletines. Nos escoltaron fuera de la estación, donde nos esperaba un camión con lona. Subimos. Al llegar a Babbacombe, nos dirigieron a un gran hotel donde nos fueron tachando de una lista de reclutas. Nos sirvieron una comida y nos informaron sobre nuestro alojamiento para las próximas dos semanas. A mí me asignaron el Downs Hotel, en el paseo marítimo. Fuimos allí a pie, a medio paso entre caminar y marchar, y me asignaron una cama. Me tocó una pequeña habitación delantera junto a otros dos chicos.

Me llevé un buen chasco con el supuesto "hotel", que había sido despojado de todo: alfombras, cortinas, muebles... todo fuera. En su lugar había somieres con tres colchonetas duras y cuadradas (que sumaban metro ochenta entre todas), dos sábanas, dos mantas y una almohada áspera. Pronto supimos que esas colchonetas se llamaban "galletas", probablemente por su parecido con las galletas duras de los barcos.

La vida militar había comenzado. Lo que no sabía era que duraría casi siete años y medio.

Capítulo 5

Instrucción

Nos despertó el cabo, como no podía ser de otra forma: con mucho ruido. Nos dijo que era hora de lavarse, afeitarse, vestirse y presentarse formados frente al "hotel" en media hora. Al mirar a mi alrededor, observé que, aunque éramos de todas las formas y tamaños, todos encajábamos dentro de unos márgenes mínimos y máximos. Éramos, más o menos, del mismo estilo y con diferentes acentos regionales. Sin embargo, había unos cuantos con pinta de "escuela pública" —era la primera vez que me encontraba con ese tipo. Hablaban con un tono más refinado, aunque sin resultar molestos, y tenían una confianza natural ante esta nueva vida, una confianza que nosotros, claramente, no teníamos. Supongo que eso venía de su experiencia previa en internados o universidades, lejos de la protección del hogar. Aun así, pronto nos pusimos a su nivel, y sorprendía lo rápido que uno se adaptaba, incluso durante esas dos semanas de instrucción.

El "Hotel" Downs

Tras una breve charla del cabo frente al "hotel", nos organizaron en una escuadra de unos cuarenta reclutas y comenzaron las lecciones de instrucción y marcha. Finalmente llegamos a un hotel más grande, donde entramos en un comedor amplio que haría de cantina durante las dos semanas siguientes. En fila, recogimos nuestros "hierros": cuchillo, tenedor, cuchara de postre y un *dixie* (una especie de cazuela metálica rectangular, con asas y bordes altos). Nos dijeron que era equipo básico para la supervivencia, que debíamos cuidar con esmero. El *dixie* servía para líquidos como sopa o té, aunque lo de la sopa era poco habitual. Luego hicimos cola ante una mesa de servicio donde los cocineros nos servían gachas y lo que hubiera ese día. Con la comida en la mano, nos sentábamos en bancos alrededor de mesas para comer. Al terminar, lavábamos nuestros platos y cubiertos en grandes cubas de agua caliente, y después los enjuagábamos en otra.

De vuelta a nuestros asientos, aparecieron varias cajas con punzones y martillos metálicos. Tuvimos que grabar nuestro número de servicio en los cubiertos. Nos lo habían asignado hacía poco, y nos advirtieron que debíamos grabarlo también en la memoria. El mío —que nunca he olvidado— era 1119287. Aprovecho para decir que, en ese momento, nuestra graduación era AC2: *Aircraftman Second Class*. Es decir, la forma de vida más baja dentro de la RAF.

Después vinieron más ejercicios y marchas, hasta la hora de la comida. Y después, más de lo mismo hasta la hora del té. Así terminó el primer día.

Al día siguiente, nos entregaron el uniforme: gorra lateral (que siempre me costó colocarme bien), chaqueta y pantalones, dos pares de calcetines, dos camisas, dos camisetas interiores, dos calzoncillos, botas y un abrigo de lana gruesa. Recibimos instrucciones sobre cómo llevarlo todo, y cualquier irregularidad se corregía en el acto. Al día siguiente pasamos una inspección para comprobar que nos quedaban bien, y nos dieron papel marrón, cuerda y una etiqueta para envolver nuestra ropa civil y enviarla a casa. También nos entregaron lo que llamaban una *hussif* (abreviatura coloquial de "housewife"), un pequeño costurero militar. Junto con eso, un petate y las instrucciones para etiquetar cada prenda, tarea que hacíamos por la tarde.

Pronto llegaron las vacunas, incluido el llamado FFI. Era un reconocimiento médico de las partes íntimas, para asegurarse de que estábamos "libres de infecciones". Nos pusieron en fila, completamente desnudos, y un médico pasaba revisándonos con un palito corto, moviéndonos la entrepierna de un lado a otro para comprobar que no hubiera suciedad o enfermedades. Resultaba incómodo, pero como todos pasábamos por lo mismo, no fue un gran problema.

Ya uniformados y convertidos en miembros de pleno derecho, el resto de las dos semanas se dedicó casi por completo a perfeccionar la marcha, el saludo y la disciplina básica. Una mañana nos informaron de que, tras el desayuno, asistiríamos a una charla sobre enfermedades venéreas.

—¿Qué es eso de "VD"? —preguntamos al cabo.

—Ya lo averiguaréis —respondió.

Nuestra ignorancia era un buen reflejo de nuestra inocencia respecto a todo lo relacionado con el sexo y esas enfermedades.

Las tardes las pasábamos puliendo botones y botas hasta que brillaban como espejos. Que yo sepa, nadie salió a Babbacombe. Supongo que alguno de los más acomodados se escabulliría a algún pub o café, pero la mayoría íbamos justos de dinero, y lo poco que teníamos iba desapareciendo entre betún, pasta de dientes y otros productos básicos. Mis quince chelines no tardaron en agotarse. El sueldo era de dos chelines al día, pero no se cobraba hasta pasadas dos semanas, así que la primera paga llegó justo al final de nuestra estancia en Babbacombe.

Ya comenté que no me entusiasmaba demasiado la vida espartana del "Hotel" Downs, así que tracé un plan. Y, viéndolo con perspectiva, aún me asombra el descaro que tuve. Me fui a explorar por Downs Road, donde estaban situados todos los hoteles requisados por la RAF, excepto uno: el Cliffs Hotel, al final de la calle. Hoy se llama Churchill Hotel. Entré y me acerqué al mostrador de recepción:

—La RAF me ha enviado para ver si tenéis habitaciones —dije—. Se han quedado sin camas.

Para mi sorpresa y alegría, dijeron que sí. Fui por mis cosas. Estoy seguro de que los propietarios sabían perfectamente que yo me había colado, pero no dijeron ni pío. Me llevaron a una habitación con dos camas individuales. ¡Un lujo! La otra cama la ocupaba un sargento piloto que estaba allí de descanso, aunque apenas hablé con él: se pasaba el día durmiendo. Les dije que solo necesitaba cama, que la comida me la daba la RAF. Me alojé allí cinco o seis días, levantándome

El Cliffs Hotel, alojamiento preferido de Ken (hoy Churchill Hotel).

temprano para acudir a la formación frente al "Hotel" Downs. En alguna ocasión me ofrecieron desayuno o cena. Lo acepté agradecido. Puede que les diera pena, pero yo estaba encantado con el cambio. Curiosamente, nadie me delató, y al final de la semana le dije al propietario que enviara la factura a la RAF. No sé si lo hizo o si decidió asumirlo como un favor. Le di las gracias sinceramente y regresé con los demás.

La quincena llegó a su fin: ya estábamos "instruidos". Nos informaron de que cogeríamos un tren rumbo al Escuadrón de Instrucción Básica número 7 (No. 7 ITW) en Newquay, Cornualles. Recuerdo una breve charla con mi compañero de habitación en el lujoso Cliffs Hotel, el sargento piloto en descanso. Una noche le pregunté qué tal era ser piloto. Su respuesta fue breve y directa:

—Lo mejor que puedes hacer es mantenerte al margen.

Aquel consejo, que más adelante resultaría muy acertado, no lo seguí. Volvió a dormirse, sin duda para recuperar fuerzas tras sus exigentes misiones en la Batalla de Inglaterra, que acababa de terminar.

Capítulo 6

Escuela Teórica de Tripulaciones Aéreas

Llegamos a Newquay y marchamos hasta nuestro nuevo alojamiento: el Beachview Hotel, situado sobre los acantilados. De nuevo, vuelta a la realidad: un edificio desnudo y austero. Me asignaron una de las habitaciones más pequeñas, que contenía tres camas. Estas eran simplemente dormitorios —como en Babbacombe, había un comedor central, pero en esta ocasión también contábamos con un aula.

El curso duraba ocho semanas. Las clases de la llamada *Ground School* (Escuela Teórica) ocupaban entre cuatro y cinco horas al día, y el resto del tiempo lo llenaba el entrenamiento físico y de instrucción, o *square bashing*, como lo llamábamos. Fue aquí donde nos introdujeron a una rutina que detestaba: la guardia frente al hotel.

No recuerdo cuántas veces repetí ese turno, pero las guardias nocturnas consistían en dos horas en pie y dos horas durmiendo. Lo odiaba. Durante la noche, los oficiales venían a comprobar que estuviésemos cumpliendo. Ya estábamos en octubre o noviembre, y las noches eran frías y miserables. Me preguntaba si sería posible dormir de pie con el fusil en las escaleras del hotel, pero no me atreví a intentarlo. El abandono del deber era una falta gravísima. Nadie fue sorprendido, que yo recuerde. Más adelante en mi formación, llegué a estar amenazado con una acusación de *motín*—pero eso llegará más adelante en la historia.

En la Escuela Teórica se impartían ocho materias:

- Reglamento de la Fuerza Aérea
- Meteorología
- Señales (código Morse)
- Motores
- Teoría del vuelo
- Navegación aérea
- Armamento
- Reconocimiento de aeronaves

El Reglamento de la RAF abarcaba aspectos básicos de disciplina: a quién saludar y cuándo, rangos comparativos entre la RAF, el Ejército y la Marina, procedimientos de consejo de guerra, tribunales de investigación y temas relacionados.

La Meteorología era fascinante. Aprendíamos sobre formaciones de nubes, nombres, vientos, líneas de turbonadas, frentes, isobaras, y más. También a identificar sistemas meteorológicos en desarrollo y a evitar ciertas nubes peligrosas al volar.

En Señales aprendimos código Morse, tanto a enviar como a recibir mensajes usando un zumbador y una lámpara Aldis. Para aprobar, había que alcanzar una velocidad mínima de ocho palabras por minuto.

Armamento consistía en familiarizarnos con distintos tipos de armas, especialmente la ametralladora Browning. Había que saber reconocer por qué se detenía el arma —si era un fallo de primer, segundo o tercer tipo— y cómo solucionarlo. También se exigía desmontar y volver a montar el arma en un tiempo límite.

El Reconocimiento de aeronaves era autoexplicativo. Se evaluaba tanto con luz natural como en condiciones de poca visibilidad, usando dibujos y fotografías.

La Navegación aérea se aprendía con el sistema de *Dead Reckoning* (Estimación por deducción), que usaba triángulos de velocidades y trigonometría. Aprendíamos a calcular la dirección y velocidad del viento, ajustar el rumbo del avión y estimar el tiempo de llegada (ETA).

En Motores estudiábamos los componentes mecánicos del motor de combustión interna: de dos y cuatro tiempos, encendido, refrigeración y otros sistemas relacionados.

Haz Que Valga

La Teoría del vuelo trataba, como su nombre indica, de entender por qué vuela un avión a pesar de ser más pesado que el aire. Que yo sepa, sigue siendo una teoría... pero una que funciona bastante bien.

Como siempre, el poco tiempo libre lo dedicábamos a cuidar nuestros uniformes, con escapadas ocasionales a una pequeña cafetería, donde gastábamos nuestras duramente ganadas 10 peniques diarios en té y bollos, mientras hacíamos sonar sin parar el gramófono con temas como *The Woodchoppers' Ball* de Woody Herman.

Así fue transcurriendo la vida en el ITW, hasta que sufrí un percance. Jugando un partido de rugby contra un equipo del ITW Nº 5 (también en Newquay), un tipo enorme me agarró, me levantó y me hizo girar. Al caer, lo hizo encima de mí. Escuché un crujido y supe enseguida que me había roto la pierna. Me aparté al lateral. Al acabar el partido, no tuve otra opción que volver andando al hotel, quejándome todo el camino. Me permitieron ir a mi ritmo —una "generosa" concesión. Esa noche no pegué ojo. A la mañana siguiente me presenté en la enfermería. Fui el único, y me enviaron al puesto médico, que estaba en otro hotel. Recuerdo que se llamaba *The Bolothas* —un nombre peculiar para un hotel que albergaba a un médico aún más peculiar. Era joven y, a todas luces, recién titulado. Me examinó la pierna, dijo que era una distensión muscular y me dio un parte para tareas ligeras. Volví andando, sabiendo que estaba equivocado.

Al día siguiente repetí el proceso, pero con el mismo resultado. Esta vez, al regresar, me crucé con el cabo y le expliqué con claridad lo que opinaba de mi pierna. Por suerte, me creyó y mandó pedir una ambulancia. ¡Bendito sea! Me llevaron al otro extremo del pueblo, al sur de la bahía, a un gran hotel convertido en hospital. Allí me hicieron una radiografía y confirmaron que tenía una fractura en el tobillo. Me escayolaron la pierna desde debajo de la rodilla hasta los dedos y me metieron en cama.

Al cabo de un par de días me dijeron que probara a caminar. El yeso tenía un aro metálico que hacía de talón. Conseguí moverme, así que me dieron una semana de permiso y un billete de tren para ir a Blackpool y volver. Me despedí de mis compañeros de curso y emprendí el viaje.

En Newton Abbot tuve que cambiar de tren y coger el que iba de Penzance a Crewe. No había ni un asiento libre, y tras recorrer los pasillos abarrotados, acabé sentado en el suelo al final del vagón. Increíblemente, el viaje hasta Blackpool duró 23 horas y media. ¡Qué alivio al llegar a casa!

La semana pasó volando, y volví al hospital, donde me quitaron la escayola después de seis semanas. Mientras tanto, me reincorporé al ITW Nº 8 y continué con la Escuela Teórica donde lo había dejado. Lo bueno de haber estado escayolado fue que me libré de marchas, instrucción y guardias. Algo positivo tenía que haber.

Tras quitarme la escayola, tuve que volver a poner en forma los músculos atrofiados. Caminaba todo lo posible para fortalecer la pierna. Al finalizar el curso, llegaron los exámenes escritos. Los aprobé.

Antes de dejar Newquay, a los que habíamos superado el curso —la mayoría— nos ascendieron. ¡Fantástico! Tuvimos que coser las insignias de rango nuevas en las mangas de la guerrera y del abrigo. Ya éramos LACs (*Leading Aircraftsmen*), y el sueldo subió a 6 chelines diarios (30 peniques). Me destinaron —junto con unos 30 más— a una EFTS (Escuela Elemental de Vuelo), cuyo número he olvidado. Estaba en Staverton, en la carretera principal entre Gloucester y Cheltenham.

Escuela Teórica, Newquay. Ken, fila delantera, a la derecha del todo

Capítulo 7

Escuela Elemental de Vuelo

Resultó que Staverton no era, en realidad, una base aérea propiamente dicha. El destacamento de la RAF era un pequeño anexo en una esquina del aeródromo, formado por tres edificios tipo barracón: un dormitorio, un bloque de aseos y una cabaña de operaciones.

No recuerdo qué tipo de comedor teníamos. Toda la zona consistía en las instalaciones de la fábrica Gloucester Aircraft Company y un aeródromo cubierto de hierba. Esta compañía era conocida por el Gloster Gladiator, un biplano armado con ametralladoras —monoplaza— que ya era anterior incluso a la preguerra. Tres de ellos se hicieron famosos durante el asedio de Malta: *Faith, Hope* y *Charity*. Hicieron una labor heroica antes de que Malta recibiera Hurricanes y, más tarde, Spitfires.

Nuestra unidad disponía de dos o tres viejos aviones de entrenamiento llamados Tiger Moth. Los instructores no eran militares, sino civiles. El mío era un tipo simpático de unos cuarenta y tantos años, que por entonces me parecían muchos. El Tiger Moth era un biplano sencillo, de cabina abierta, con dos asientos: el delantero para el alumno y el trasero para el instructor. El motor iba justo delante, y el depósito de combustible estaba montado sobre el ala superior, alimentando por gravedad. Todo era muy básico. No tenía frenos y volaba a unos 95 km/h. La velocidad se mostraba en una pequeña lámina metálica que se inclinaba con el aire y marcaba una escala.

Dentro del cockpit solo había unos pocos instrumentos: una brújula, un indicador simple de ascenso y giro, y manómetros para presión de aceite y temperatura del motor. El control consistía en un acelerador, una palanca (sorprendentemente endeble) y un pedal transversal para mover el timón de dirección. Para arrancar el motor, no había botón: había que bajarse y hacer girar la hélice a mano, parte del entrenamiento. Tampoco teníamos radio. Para llamar la atención del instructor, soplábamos en un tubo de comunicación entre cabinas que emitía un silbido.

Íbamos equipados con botas de vuelo, guantes, mono de aviador y casco con auriculares conectados al tubo de soplado. Las cabinas estaban completamente abiertas al viento, con un pequeño parabrisas para cada ocupante. Nos colocábamos el paracaídas y nos amarrábamos al avión, y antes del despegue un mecánico comprobaba los arneses y quitaba los calzos cuando el piloto lo indicaba.

En la cabaña de operaciones recibíamos clases teóricas, incluida una nueva materia: *Técnica aérea*. Ahí aprendíamos a arrancar, rodar por tierra y despegar. Siempre había que hacerlo contra el viento, y para eso nos guiábamos por varias mangas distribuidas por el campo. También estudiábamos procedimientos de emergencia y normas para cruzarnos con otros aviones. Como en la navegación marítima, la regla era mantener el lado de babor (izquierda) frente al de babor del otro.

Durante los vuelos, teníamos que estar constantemente atentos a posibles lugares de aterrizaje. Más de una vez, el instructor cortaba el gas de repente y gritaba por el tubo:

—¡Fallo de motor, aterriza!

Entonces había que elegir un campo adecuado, fijarse en la dirección del viento (ropa tendida, humo de chimeneas...), y hacer varias "S" para ajustar la aproximación y sobrevolar la valla antes de aterrizar. Justo antes de tocar tierra, el instructor abría de nuevo el gas y, dependiendo del resultado, te felicitaba o te soltaba alguna maldición. Si no recuerdo mal, volábamos a unos 600 metros de altura, quizá algo menos.

Cada alumno tenía derecho a ocho horas de vuelo con instructor. Si en ese tiempo no demostrabas ser competente, te daban por terminado y

Haz Que Valga

te enviaban a cursos de navegación, artillería aérea o radio —una decepción considerable para quienes no superaban la prueba.

Si lo hacías bien, al empezar tu siguiente vuelo el instructor te pedía que aterrizaras tras 15 minutos. Se bajaba, te daba una palmada en el hombro y te decía:

—Es todo tuyo. Despega y aterriza.

Te observaba desde tierra. Si todo iba bien, te mandaba hacer tres circuitos más con toma y despegue ("circuitos y rebotes"), y al volver, te daba su veredicto. Aprobar era un gran alivio, y después hacías dos o tres horas de vuelo en solitario.

No volábamos desde el propio aeródromo de Staverton, sino que cada día íbamos en autobús hasta el campo de vuelo de Worcester, donde pasábamos la jornada entera. Worcester era un aeródromo tranquilo, más adecuado para el entrenamiento que Staverton, que tenía más tráfico.

Un día ocurrió algo especial en Worcester. Al llegar en autobús, encontramos aparcado allí un avión. ¿Y cuál era? Nada menos que un Spitfire Mark I. Corrí a inspeccionarlo, maravillado. Me subí al ala para ver la cabina: un despliegue complejo de palancas, interruptores, mandos e instrumentos. Lo tuve claro:

—Esto no lo vuelo yo en la vida. ¡Demasiado complicado!

Pero luego pensé: "Bueno, si otros lo hacen, ¿por qué no yo?". Esa confianza privada tapaba muchas dudas internas. Al fin y al cabo, aún no éramos pilotos —ni de lejos—. Solo habíamos empezado a entender cómo era estar en el aire, volar un rato y volver a tierra (a veces con más suerte que pericia).

Durante el curso también nos enseñaron a usar un aparato que, aunque parezca mentira, se llamaba "ordenador". Más concretamente, ordenador de velocidad y rumbo. Se utilizaba para estimar la hora de llegada trazando datos sobre un mapa. Se ataba al muslo y tenía varias ruedas y escalas. Era una novedad... aunque nunca volví a ver uno tras el curso.

Así pasaban nuestros vuelos en solitario tras los circuitos supervisados. Los recorridos cortos sobre el campo eran una delicia. Siempre practicábamos localizar posibles zonas de aterrizaje forzoso, aunque, por suerte, nunca fue necesario... al menos no por entonces.

Al final del curso, había acumulado, si no recuerdo mal, dieciséis horas de vuelo. ¡Maravilloso!

Las órdenes de destino llegaron a su tiempo. A mí me asignaron una escuela de formación de vuelo militar (SFTS) en Montrose, en la costa este de Escocia, al norte de Perth. Viajamos en tren, aunque no recuerdo cuántos íbamos en el grupo.

Capítulo 8

Escuela de Entrenamiento de Vuelo Militar

En 1941, Montrose era un pueblo pequeño y agradable, y ocasionalmente lo visitábamos durante nuestros ratos libres, lo cual resultaba agradable, especialmente porque no disponíamos de mucho tiempo libre.

La Escuela Teórica continuaba, y como podrán imaginar, las materias se volvían más completas. Seguíamos bajo régimen de disciplina con el habitual entrenamiento, limpieza de botas y botones, e inspecciones semanales del equipo. Estas últimas eran una molestia, pero seguían siendo parte integral de la formación.

Nuestro rango seguía siendo LAC, aunque ahora recibíamos un pago adicional de 1 chelín y 6 peniques (7 peniques actuales) por día por vuelos. Este extra nos permitía comprar huevos, beicon y papas fritas en nuestras ocasionales visitas a Montrose. El recuerdo de esas comidas deliciosas nunca me ha abandonado. No sé cómo aquella pequeña cafetería conseguía provisiones de esos alimentos durante el severo racionamiento, ni me importaba.

Durante este curso logré ahorrar la considerable suma de £7 para comprarme un objeto que nunca antes había poseído: un reloj de pulsera. Puede parecer un placer simple hoy en día, cuando los niños suelen tener un reloj a los cinco años.

Era mi orgullo y alegría. Se llamaba Roamer y estaba chapado en oro. Un par de semanas más tarde, había ahorrado lo suficiente para grabar mi nombre y dirección en la parte interior de la tapa trasera. Maravilloso. El placer terminó abruptamente cuando, poco después, de alguna manera, en algún lugar, alguien me despojó de mi posesión. Lo reporté con una descripción completa a mis superiores, pero nunca más lo volví a ver. Tristeza absoluta —pero al menos obtuve una lección en ser mucho más cuidadoso.

Junto con la mayoría de mis compañeros, pensaba que nuestra formación tenía algunos aspectos peculiares. Estos incluían tareas como guardia, vigilancia contra incendios, pelado de papas y otros deberes desagradables en las cocinas. Supongo que todo entraba dentro de la disciplina. El castigo por incumplir las normas consistía generalmente en alguna de estas tareas, además de la pérdida de paga y el confinamiento en la base.

Cada día se exhibían las Órdenes de Rutina Diaria (DROs) en el tablón de anuncios del barracón. Estas informaban de cualquier cambio en la rutina. Al final aparecían listas con los nombres para guardia, vigilancia contra incendios, pelado de papas* y otras tareas. Si uno estaba confinado o castigado, su nombre y la sanción aparecían públicamente, lo cual, por supuesto, causaba regocijo entre los que en ese momento estaban libres de culpa, lo que me lleva a un subtítulo para el capítulo:

MOTÍN

Esta palabra, en sí misma, es, supongo, inofensiva, pero cuando se considera cuidadosamente su significado y consecuencias, resulta aterradora. Últimamente he leído la historia verdadera de "El motín del Bounty" a través de mi máquina de audiolibros —un libro fascinante que me recordó este relato.

Parte de nuestra rutina diaria era ser despertados por el "distinguido" cabo a la intempestiva hora de las 6:30 a. m. para ser alineados afuera, en el frío y la primera luz del día, y obligados a realizar los ejerci-

---

* Guardia, vigilancia contra incendios y pelado de papas eran tareas militares comunes: turnos de seguridad patrullando la base, vigilancia para prevenir o responder a incendios y pelado de papas como tarea rutinaria o castigo.

cios de Educación Física (PT). Para mí, era una rutina espantosa y totalmente innecesaria. La odiaba, al igual que la mayoría.

Hay en mí una determinación latente a desobedecer reglas, que a veces aflora. En general, esta actitud me ha salvado la vida, pero en esta ocasión no fue así; más bien, me llevó a una entrevista aterradora. Téngase en cuenta que estábamos en servicio activo durante un estado de emergencia, como se le llamaba a la guerra. No obstante, mi amigo —que dormía en la cama contigua a la mía— y yo decidimos no acudir al llamado de PT y quedarnos una hora más en cama —¡qué lujo! Pero todo lo bueno se acaba, y al regresar el escuadrón, nos enfrentó de inmediato el cabo. Cabe decir que su rango era el inmediato superior al nuestro, aunque la distancia jerárquica era abismal.

Su instrucción fue breve y directa: "Ustedes dos, preséntense en la oficina de órdenes tras el desayuno". El placer de la hora extra de sueño desapareció de inmediato, y nos presentamos como se nos ordenó. El oficial de administración a cargo del curso nos informó que seríamos entrevistados por el comandante de la estación, un Group Captain, y fuimos escoltados de inmediato a su oficina.

Ojalá hubiéramos sido buenos chicos, pero ya era tarde. Entramos en su oficina, firmes, en atención, y saludamos. El oficial le explicó al alto mando disciplinario lo que habíamos hecho. Permanecimos ahí, temblando de miedo. Él nos miró con una expresión pétrea y comenzó su severa reprimenda. Esto ya era bastante malo, pero cuando nos dijo que tenía la facultad de acusarnos de motín, nos encogimos de horror. Nos explicó que, en servicio activo durante una guerra, el castigo era la muerte por fusilamiento. Luego salió de la sala junto con el oficial de administración, dejándonos allí sudando. Después de lo que pareció una eternidad, regresaron, y el Group Captain se sentó frente a nosotros.

"No hay duda de que ambos son culpables," dijo. "No necesito una corte marcial para decírmelo. Ambos están de acuerdo, ¿verdad?" "Sí, señor," respondimos al unísono, y volvimos a esperar el veredicto. Nos volvió a reprender y luego dijo que sería indulgente, ya que era la primera vez que causábamos problemas. Fuimos confinados a la base durante tres semanas, con numerosas guardias, turnos de vigilancia contra incendios, tareas en cocina y el constante recordatorio de "Dios nos ayude si desobedecemos otra vez." Salimos de allí bajo otra andanada verbal del cabo, quien prometió vigilarnos siempre. Le creímos.

Cumplimos nuestras sanciones con dedicación, aliviados de seguir con vida. Fue una valiosa lección.

Como en el curso anterior en Staverton, no volábamos directamente desde Montrose, sino desde un aeródromo satélite en Edzell, a unos treinta kilómetros al noroeste.

37° Curso, Montrose. Ken, sentado abajo a la derecha.

El avión en cuestión era un Miles Master I, inmensamente más potente, con dos cabinas cerradas. Se sentía —y era— una máquina mucho más grande, construida completamente de metal en comparación con la madera y tela del Tiger Moth. Además, tenía tren de aterrizaje retráctil. El panel de instrumentos central para vuelo a ciegas estaba rodeado de indicadores más sofisticados, adecuados para un motor más potente.

El alumno nuevamente ocupaba la cabina delantera. Se aprendían y evaluaban todos los datos de despegue, aterrizaje y velocidad de pérdida. Estudiábamos el vuelo ordinario junto con acrobacias aéreas más avanzadas. Un día, antes del despegue, el instructor explicó cómo cubrir completamente con una lona interna para excluir la luz y mantener total oscuridad. Una vez alcanzada la altura requerida, extendí la lona para aprender la técnica del vuelo a ciegas. "Simplemente vuela recto y nivelado, y mantén una velocidad constante," decía el instructor. "Eso es todo." El arte de volar a ciegas, guiándose únicamente por los instrumentos, no es especialmente fácil de dominar. Las sensaciones extrañas hacen pensar que el avión está descendiendo, ascendiendo o girando, especialmente con viento fuerte. "Mira los instrumentos," repetía. Era desagradable, pero finalmente lo logré y obtuve una calificación esencial. Dado el clima cambiante de esa región, era un arte que debía aprenderse cuanto antes, y lo utilicé muchas veces en mi carrera de vuelo.

Este vuelo a ciegas también se practicaba en tierra con un "Link Trainer", que aún se utiliza hoy, aunque supongo que con modelos más modernos. También se evaluaban ejercicios de navegación hacia puntos específicos en el mapa. Creo que habíamos avanzado a la comunicación por radio interna y externa en este avión. Las cosas se estaban volviendo más exigentes, pero también muy interesantes. Durante el curso pasamos otra rigurosa revisión médica, incluyendo una prueba de capacidad pulmonar. Esta consistía en un aparato similar a los tensiómetros actuales. Un tubo de goma conectaba un extremo de un tubo en "U" lleno de mercurio a una boquilla de vidrio. Se colocaba una pinza en las fosas nasales, y la prueba consistía en soplar el mercurio hasta cierto punto en la escala y mantenerlo allí durante un periodo prolongado, entre 30 y 45 segundos, creo. Horrible, pero necesario.

La Escuela Teórica, el entrenamiento físico y la instrucción continuaban. El vuelo en solitario se volvió habitual hasta que llegó el gran día: nuestra Prueba de Vuelo para obtener las Alas. Ya habíamos completado los exámenes teóricos, así que solo restaba el vuelo. Para el final de la semana sabríamos si estábamos calificados como pilotos. Quienes no aprobaban tenían una segunda oportunidad. Un segundo fallo significaba ser destinado a cursos de Navegación u otras funciones de tripulación aérea. Junto con los resultados de vuelo, recibiríamos también una notificación sobre nuestros ascensos. Este era un procedimiento ridículo y muy británico, diría yo. Si habías estudiado en una grammar school, te ascendían a Sargento. Si venías de una public school o universidad, te daban una comisión y ascendías a Oficial Piloto (PO). Nada que ver con la habilidad para volar. En ese momento también se decidía a qué rama de la aviación se sería destinado: Mando de Caza, Mando de Bombardeo, Mando Costero, etc. Supongo que evaluaban tu personalidad y tu manera de volar para tomar la decisión.

Llegó el gran día, y nos agolpamos frente al tablón de anuncios. ¡Allí estaba! Sargento Ken Cam, destinado a una Unidad de Entrenamiento Operacional (OTU) en RAF Hawarden, cerca de Chester, para volar Spitfires. ¡Gran alegría! Esa noche, nosotros (los sargentos) retiramos las hélices de nuestros uniformes que nos identificaban como LAC (Aircraftman de Primera) y cosimos nuestras insignias de sargento. A quienes fueron destinados al Mando de Caza se les permitió volar unas horas en un Hurricane Mark I. ¡Esto era material de combate real y muy emocionante! Volarlo era más fácil de lo que había imaginado, y por supuesto, solo tenía un asiento, así que no había instrucción dual. Fue una sensación tremenda despegarlo, volarlo y aterrizarlo. Estábamos eufóricos.

Durante uno de estos vuelos en el Hurricane, realizaba acrobacias sobre Perth y, de algún modo, por única vez mientras volaba, entré en una barrena plana. Una barrena normal es fácil de recuperar: se cierra el acelerador, se empuja la palanca hacia adelante y se aplica el timón con fuerza en dirección contraria a la rotación. Pero no hay procedimiento para recuperar una barrena plana, en la que el avión gira manteniéndose horizontal. No hay solución. En un estado creciente de pánico, probé todo —sin éxito. Saltar del avión en esa posición era extremadamente peligroso, pero la única opción con alguna probabilidad de sobrevivir. Los dioses estaban conmigo ese día, y afortunadamente, una corriente vertical repentina inclinó lo suficiente una de las alas para que pudiera recuperar el control. Aterricé de inmediato. Jamás olvidaré el espacio aéreo sobre Perth.

De regreso a tierra, me despedí del cabo (a quien ahora superaba en rango), y él me deseó sinceramente la mejor de las suertes.

Capítulo 9

Unidad de Entrenamiento Operacional

Había entablado una buena amistad con un escocés originario de Dumfries. A pesar de que solo nos dieron cuatro días de permiso —¡qué generosidad!—, él pasó dos días en su casa y luego se unió a mí en Warbreck Drive, Blackpool, durante los dos días restantes. Así que viajamos juntos a Hawarden.

Nuestra promoción a sargento piloto supuso un enorme aumento de sueldo. Ahora recibíamos 12 chelines y 6 peniques (62 peniques) por día, incluyendo el estipulado pago de vuelo de 1 chelín y 6 peniques (7 peniques). ¡Éramos ricos!

En teoría, en seis semanas seríamos pilotos de combate operativos. Pero lo que no sabíamos era que las operaciones en Francia —incluyendo Dunkerque— y la Batalla de Inglaterra a finales del verano de 1940, además de la ofensiva aérea continua, habían reducido gravemente el número de pilotos disponibles. En consecuencia, nuestro curso de seis semanas en la Unidad de Entrenamiento Operacional se redujo a solo tres semanas. Esto parecía una decisión absurda, pero supongo que el alto mando creía saber lo que hacía. Aunque, como descubriríamos más tarde, resultó muy costosa debido al uso de pilotos medio entrenados.

Los Spitfire disponibles eran modelos Mark I bastante desgastados, con algún que otro Mark II. Utilizábamos una cabina de simulación para practicar los procedimientos y comunicaciones por radio. Aprendimos los códigos, como "quilt", "mattress" y "Popeye", que indicaban nuestra relación con las formaciones de nubes. Hicimos todos los ejercicios en tierra, y luego llegó el gran día en que nos soltaron en el famoso Spitfire.

El modelo Mark I tenía una palanca para seleccionar "subir" o "bajar" el tren de aterrizaje, y una palanca larga que debía bombearse hacia adelante y hacia atrás para proporcionar presión hidráulica.

Detectar a un piloto en su primer vuelo en solitario era fácil y causaba diversión entre los que miraban. Una vez que las ruedas dejaban el suelo, el avión avanzaba como en una montaña rusa hasta que el tren de aterrizaje se trababa en posición "arriba". Con práctica, esto se superaba y se lograba un ascenso más suave.

Ahora sí que volábamos de verdad: una máquina rápida, moderna y muy sensible a los controles. El Spitfire, al principio, no era fácil de despegar ni de aterrizar. Justo al aplicar toda la potencia para despegar, el avión giraba bruscamente a la derecha, lo que requería aplicar mucho timón a la izquierda para mantenerlo recto. Al ganar velocidad y levantar el vuelo, el timón se iba soltando poco a poco hasta lograr una trayectoria recta.

Al aterrizar, como el tren de aterrizaje era muy estrecho, era esencial que la aproximación fuera perfectamente nivelada. Además, debido al largo motor frente a ti, perdías toda visión hacia adelante al levantar la nariz para el aterrizaje, así que había que calcular la altura respecto al suelo mirando por el costado del avión. Difícil, por decir lo menos.

Hawarden tenía la particularidad de sufrir niebla repentina, y un domingo por la tarde perdimos a siete pilotos, que se estrellaron en las colinas o durante el aterrizaje. Fue un golpe terrible, ¡una auténtica catástrofe! Especialmente considerando la escasez de hombres completamente entrenados. Un día me atraparon esas condiciones, y por suerte decidí volar hacia el oeste, sobre el mar, hasta salir de la niebla. Descendí a una altitud baja pero segura y volé en diagonal hacia la costa, luego giré al norte y seguí la línea de costa hasta llegar al canal y al río. Volé siguiendo esa ruta hasta ver el aeródromo y logré aterrizar sin problemas. Una vez más, los dioses estaban de mi lado.

Tuvimos una breve sesión con el instructor del curso anterior sobre vuelo a baja altitud, que aunque no era muy bajo, sí que resultaba

Haz Que Valga

emocionante. Sin embargo, el vuelo a baja cota estaba estrictamente —repito, estrictamente— prohibido en la Unidad de Entrenamiento. Esa prohibición, por supuesto, lo hacía más tentador. Un día, la tentación venció al sentido común, y lo intenté. Volando desde el mar, descendí muy bajo sobre el paseo marítimo en West Kirby, en la península de Wirral, y bajé hasta la playa.

Volaba tan bajo que la anécdota lo demuestra. Llevaba unos guantes de seda reglamentarios, diseñados para usarse bajo los guantes de vuelo, pero que solía llevar solos. Durante el vuelo, un dedo del guante quedó atrapado en la ranura del acelerador. Al moverlo hacia adelante y atrás para liberar el dedo, un empujón repentino hizo que la nariz del avión descendiera, y para mi horror, ¡toqué la arena! Hubo un sonido espantoso: había cortado unos 15 o 20 centímetros de las hélices. El manejo del avión se volvió extremadamente irregular, y maldije mi estupidez. Volví al aeródromo tambaleándome, pensando en qué excusa podía inventar. Cuando aterricé, ya tenía mi historia: no decir nada y fingir ignorancia.

Apenas caminé unos metros tras salir del avión, el mecánico gritó. Lo ignoré. Me senté en la sala de dispersión, con miedo, y pronto llegó el jefe de vuelo: "Preséntese mañana a las 9:00 a.m. ante el Comandante de la Estación con su bitácora de vuelo." No hacía falta más. Sabía que me habían "tumbado" y que mi carrera como piloto había terminado. Un desastre total.

Volví a mi alojamiento para decidir qué hacer. No había duda del resultado de una entrevista con el Group Captain, y me sentía completamente desanimado. Estábamos a mitad de la tercera semana de un curso de seis, y el día anterior nos habían dicho que el curso terminaría esa misma semana. También nos habían dado los pasajes de tren y las asignaciones. Mi amigo escocés y yo habíamos sido destinados al Escuadrón 234 de Cazas en RAF Ibsley, Hampshire.

Así que tomé una decisión. Mi vena rebelde volvió a asomar. "Me voy", me dije. Hice mi equipaje y me fui. Pedí un aventón hasta la estación y volví a casa por el resto de la semana. Créelo o no, jamás volví a oír una sola palabra sobre el incidente, aunque esperaba ser llamado en cualquier momento. Pero nunca ocurrió. No sé si el comandante pensó que de todos modos sería "hombre muerto", ya que la esperanza de vida de un piloto de caza en ese momento era de pocas semanas, a veces solo días.

Lo cierto es que me presenté en RAF Ibsley en la fecha señalada y me uní al Escuadrón 234 de Spitfires.

Capítulo 10

La Primera Escuadrilla de Caza

Los viajes en tren durante la guerra eran largos e incómodos, y llegamos a la RAF Ibsley en las primeras horas de la mañana. Nos recogió un camión en la estación de tren más cercana. Éramos cuatro: mi amigo escocés y otros dos compañeros del OTU. Les pregunté si habían oído algo sobre mi repentina e intempestiva salida, pero no había noticias. Recé para que todo el episodio se desvaneciera, y aparentemente así fue. Había ahora asuntos mucho más urgentes y apremiantes que atender.

Nos asignaron una habitación individual en una de las media docena de barracas, algunas de las cuales estaban a casi un kilómetro del aeródromo, ocultas entre los árboles. Notarán un cambio significativo en nuestro estilo de vida aquí. Ya éramos sargentos, y como los oficiales, teníamos una habitación para nosotros solos. El mobiliario era estándar: una cama, una mesa, una silla, un armario y una estufa de coque que solía soltar humo sin cesar.

Era el invierno de 1941/42. No recuerdo si fue antes o después del Año Nuevo, pero hacía frío, y cada tarde, tras la cena (ahora, por supuesto, en el comedor de sargentos), recogíamos trozos de madera y encendíamos nuestras estufas. Tuve mucha suerte con la habitación que me tocó, pues contenía un gramófono de cuerda y una docena de discos de 78 RPM. Los discos eran de bandas como Glenn Miller, Tommy

Dorsey, Woody Herman y otras de la época, y debo decir que, en los rigurosos días que vendrían, realmente me ayudaron a seguir adelante. El equipo había pertenecido a un piloto que, la semana anterior, tuvo un accidente fatal y ya no lo necesitaba. Triste, muy triste, pero algo a lo que uno rápidamente se acostumbraba en los días y semanas siguientes. Seguía sin beber alcohol; en retrospectiva, fue extremadamente estúpido. Haberme desinhibido cada noche, creo, habría sido mucho más beneficioso que la abstinencia. Sin embargo, así era.

Había tres escuadrones de Spitfires en el aeródromo —234, 111 y creo que el 601— que formaban una Ala. El comandante del Ala era un tipo pequeño (ex-Batalla de Inglaterra) cuyo nombre recuerdo pero no mencionaré. Terminó su carrera de vuelo y su vida en Túnez y, según un libro que leí, está enterrado en las afueras de Túnez.

Escuadrón 234, abril de 1942. Ken es el segundo desde la izquierda

A nosotros (los recién llegados) se nos indicó presentarnos en la oficina del líder de escuadrón a las 9:00 a. m., otro veterano de la Batalla de Inglaterra, muy amable. Fui el primero en ser entrevistado. Tras preguntarme en qué OTU había estado, me preguntó cuántas horas de vuelo había acumulado. "Cuarenta y seis," respondí, y su mandíbula cayó. "Dios mío," exclamó. "¿Cuántas en Spitfires?" Le dije que alrededor de 15, y que el curso del OTU se había reducido de seis a tres semanas. "¿Y qué tal tu puntería aérea?" preguntó. "No veo comentarios al respecto en tus papeles." "Ni siquiera he disparado un arma," contesté.

No sé quién quedó más decepcionado, si él o yo. "Bueno," dijo, "esta mañana aprenderás mucho sobre cómo volar un Spitfire —esta tarde estarás en operaciones. Puedo darte una hora de vuelo antes del almuerzo." Saludé y me retiré de su oficina con cierto desánimo. Ya era piloto de combate, o lo sería después del almuerzo. La habilidad para volar un avión se volvió de repente esencial. Pero ¿cuál era la diferencia entre el vuelo que ya había realizado y el que estaba por realizar? En resumen, un mundo de diferencia.

Volar un avión de combate como avión y volarlo como cazador no se parecen en nada. Me mostraron dónde estaban los barracones del Escuadrón 234 y me informaron que estaría en el "Vuelo A". Fui a conocer al comandante del vuelo, a quien no llegué a conocer bien, ya que cayó sobre Cherburgo pocos días después. Me sacó, me mostró un Spitfire y dijo: "Ese es tuyo." Observé las marcas "AZ-A". "AZ" eran las letras del escuadrón, y "A" designaba el avión. Me sentí complacido, y se me ocurrió que esas letras significaban "el principio y el fin". Tal vez tendría suerte, después de todo.

El avión de Ken

Hasta donde podía decir, era un avión nuevo y un modelo Mark VB. Las diferencias entre los Mark V y los Mark I y II eran notables incluso para mi conocimiento limitado. Tenía cuatro ametralladoras Browning .303 y dos cañones. Llevaba una hélice de paso variable, ya fuera una Rotol de madera laminada o una de metal de Havilland. La radio era de cuatro canales con botones, y tenía un sistema notablemente mejorado para subir y bajar el tren de aterrizaje, eliminando la necesidad de una larga palanca que se empujaba hacia adelante y atrás. Bastaba con mover una palanca corta. El Mark VA tenía ocho ametralladoras, y el Mark VC cuatro cañones. El Mark V tenía un botón de armas de tres posiciones, permitiendo seleccionar ametralladoras, cañones, o ambas al mismo tiempo.

El comandante del vuelo me dejó solo, y estudié la variedad de relojes, palancas e interruptores. Un botón de "SEGURO" para las armas y una palanca de freno también estaban en la columna de control. Una vez más o menos familiarizado con los controles, regresé al barracón.

Me presentaron al resto de los integrantes del vuelo, y me dieron un paracaídas y un "Mae West" (chaleco salvavidas inflable usado por pilotos y tripulación). Estaba inscrito con las palabras "Young Jed." Nunca supe quién era "Young Jed", aunque me quedé con el Mae West como propiedad. También me dieron un casco nuevo de vuelo, que, por supuesto, tenía auriculares, gafas tintadas, un cable y conector para la radio, y un tubo flexible para conectarse al suministro de oxígeno.

Cabina de un Spitfire Mark V

Se me acercó otro sargento, Rover McLeod, de Calgary, Canadá. Compartiría conmigo mis horas de instrucción. "Despegaremos juntos," dijo, "y subiremos hasta unos seis mil pies. Luego ponte detrás y por debajo de mí, lo más cerca que puedas."

Una vez en el aire, me indicó que me pusiera en posición y habló por la radio. "Todo lo que tienes que hacer esta mañana," dijo, "es aprender a mantenerte ahí. Haz tu mejor esfuerzo por seguirme. ¡Vamos!" dijo, y tiró bruscamente hacia arriba y a la izquierda. Hice lo mismo, pero en unos segundos no tenía idea de dónde estaba. Sorprendido, miré por todas partes, sin rastro de él. "Aquí estoy," dijo por la radio, "justo detrás de ti —estás muerto. Intentémoslo de nuevo. No tenemos mucho tiempo."

Sufrí al seguir intentándolo, pero en esa hora comencé a aprender a maniobrar el aparato. Tenía sentimientos encontrados sobre mi desempeño, pero al aterrizar, se me acercó y dijo: "No estuvo mal. Haz tu mejor esfuerzo esta tarde —volarás como mi número dos —cuida mi cola."

Afortunadamente, el clima era bueno, y después del almuerzo, tuvimos una sesión informativa con el comandante. Volaríamos sobre Cherburgo y alrededor de la costa de Normandía a veintidós mil pies, "a ver qué encontramos." Pensé que era buscar problemas, pero yo era solo un novato.

En este punto del relato, conviene explicar un poco el método de vuelo en escuadrón utilizado en esa etapa de la guerra. La formación en "V" o "Vic" de tres aviones, con dos aparatos situados a cada lado y ligeramente detrás del avión central, se repetía cuatro veces, formando así los doce aviones del escuadrón. El "Vic" delantero lo componía el comandante en el centro y los dos comandantes de vuelo a cada lado. Los números dos iban detrás de los números uno, y toda la formación era muy cerrada. Esta era la parte ridícula —descubrí rápidamente que era bastante difícil mantener la posición cerrada, y aún más difícil mirar alrededor. Como novato, me asignaron la posición de cola en el grupo derecho.

Esto me recuerda que, al salir de casa para unirme al escuadrón, mi madre me dio dos consejos: "Aléjate de las mujeres con faldas de hierba y vuela siempre atrás." Creo que ambos consejos eran poco adecuados, especialmente el segundo. En un escuadrón de combate, uno comenzaba atrás, lo cual era, por supuesto, la posición más peligrosa, y si uno vivía lo suficiente, gradualmente ascendía a una posición delantera. No era el mejor consejo, pero así fue.

El despegue se hacía en pares, y tan pronto como estuvimos en el aire, tomé mi posición detrás y ligeramente por debajo de mi número uno, Rover McLeod. El escuadrón ascendió y se dirigió más o menos hacia el sur, hasta alcanzar la altura especificada. Como sabíamos que volaríamos a gran altitud, como solía ser el caso, usamos oxígeno inmediatamente tras el despegue.

La visibilidad era excelente al cruzar el Canal. El silencio radial era siempre obligatorio hasta que se avistara al enemigo. Afortunadamente, no ocurrió nada en esta, mi primera operación, y tras merodear un rato, emprendimos el regreso. ¡Qué alivio!

Las misiones en Spitfire duraban entre una hora y cuarto y una hora y media. Estos tiempos podían extenderse en circunstancias como la patrulla de convoyes, donde no se requería velocidad ni maniobras. En cambio, si uno se veía envuelto en un combate, el uso intensivo del acelerador y la potencia máxima consumía rápidamente el combustible. Llevábamos 47 galones en un depósito entre la cabina y el motor. En modelos posteriores se añadieron depósitos en las alas y la cola; sin embargo, eran aparatos algo más grandes y potentes, utilizando el motor Griffon en lugar del Merlin que equipaba a los Mark V. Ambos, por supuesto, eran motores Rolls-Royce.

Estaba realmente contento de haber regresado sano y salvo, y había tenido una iniciación muy afortunada en la vida de piloto de combate. Tras dejar el casco y el chaleco Mae West en el barracón, fui a ver mi avión para hablar con mi mecánico, un tal Freddie Hall, de Birmingham. Era un tipo concienzudo que estuvo conmigo todo el tiempo en el Escuadrón 234, y siempre quería saber cómo se había comportado el aparato y qué había encontrado.

Le dije que la máquina se había comportado perfectamente y que confiaba en que su trabajo resolvería cualquier problema que pudiera surgir. Los problemas llegaron al día siguiente, aunque ciertamente no por su culpa.

Las misiones del escuadrón eran:

Freddie Hall (mecánico) y Ken

- Mantener una pareja de aviones en alerta desde el amanecer hasta el anochecer.
- Apoyar misiones ofensivas sobre el Canal de la Mancha, en escuadrillas de 2, 6, 12 o incluso alas completas.
- Escoltar barcos que cruzaban el Canal o bordeaban la costa (patrullas de convoy).
- Realizar ataques a baja cota ("Rhubarbs") contra objetivos militares en Francia: aeródromos, líneas férreas, fortificaciones, baterías...

A veces también escoltábamos bombarderos en misiones diurnas, hasta donde el alcance lo permitiera. No siempre nos decían el motivo. Una vez, escoltamos un avión por la costa oeste de Francia. Luego supimos que llevaba a Winston Churchill rumbo a una conferencia internacional en un país neutral.

Haz Que Valga

También hacíamos vuelos de práctica, ejercicios de tiro y entrenamientos conjuntos con el Ejército. No eran tan malos, claro, mientras nadie disparara. Pero eran fundamentales para nuestra preparación. La alerta al amanecer implicaba dormir en la sala de dispersión, y si todo iba bien, el soldado de guardia nos despertaba a tiempo para vestirnos antes de que clareara.

El soldado tenía que quedarse junto al teléfono y preparar té de vez en cuando. Si llegaba una llamada de la sala de operaciones, hacía sonar el claxon y avisaba a la torre de control. Desde allí se lanzaba una bengala roja, señal de que una pareja de aviones iba a despegar y debía tener absoluta prioridad. A veces, eso no significaba despegar contra el viento ni desde la pista principal.

El equipo de tierra de la pareja en alerta se activaba de inmediato. Los pilotos corrían hacia sus aparatos y se subían a la cabina. Uno de los técnicos les ayudaba a abrocharse el paracaídas (que ya estaba en el avión) y a sujetarse con los arneses. El "trolley jack" ya estaba conectado, evitando así gastar la batería del avión en el arranque. En cuanto el motor arrancaba, se retiraban el enchufe y las cuñas.

Cerrar bien la pequeña puerta lateral era crucial: una vez en el aire, no se podía bajar la cúpula. Esta se mantenía abierta durante el despegue y el aterrizaje, y el asiento iba en posición elevada. Ya en vuelo, se cerraba la cúpula y se bajaba el asiento.

El jefe de sección informaba a operaciones: "Rojo Uno en el aire", o lo que tocara. Desde operaciones respondían con algo como "Rumbo 180, Ángeles 22". "Ángeles" indicaba la altitud en miles de pies. A veces añadían estimaciones del número de enemigos avistados. El radar era de gran ayuda, aunque aún estaba en pañales y los operadores seguían aprendiendo. Pero no sé qué habría sido de nosotros sin esa genial invención británica. Pero me estoy yendo por las ramas.

Después de un té, Rover McLeod vino a decirme si quería practicar una hora de vuelo en formación. Acepté encantado y, tras pedir permiso al comandante de vuelo, despegamos juntos.

"Pégate lo más que puedas", dijo. "Primero haremos maniobras suaves, y luego probaremos algunas acrobacias en formación. La idea es que podamos volar como si fuéramos uno solo."

Aprendí mucho en esa hora. Al aterrizar, me dijo: "Mucho mejor." Y yo me quedé muy satisfecho.

No volvieron a llamarnos en todo el día. Tras cenar, regresé a mi cuarto, puse unos discos, repasé mentalmente lo vivido… y me pregunté qué traería el día siguiente.

Capítulo 11

Operaciones

El camión venía a recogernos a nuestras barracas, que estaban en medio del bosque, para llevarnos la corta distancia de medio kilómetro hasta el comedor donde desayunábamos. Después íbamos al área de dispersión, en el extremo más alejado del aeródromo. La sección de alerta al amanecer había pasado allí la noche, y yo suponía que pronto nos tocaría a nosotros.

Me gustara o no, ya era oficialmente un piloto operativo, aunque con una experiencia que dejaba mucho que desear, tanto en vuelo general como en misiones reales. Nos informaron de que por la tarde habría otra "batida" sobre Francia. Supongo que se parecía un poco a la sensación de esperar en la sala del dentista, solo que multiplicada, ya que aquí estaban en juego la vida y la integridad física. Aproveché para hacer otra sesión de vuelo de práctica, esta vez en solitario, y utilicé el tiempo para familiarizarme más a fondo con el avión y cómo se comportaba en giros cerrados y otras maniobras.

Las acrobacias aéreas eran una delicia, muy diferentes a las de los aviones más ligeros y con menos potencia, en los que, por ejemplo, un looping era una curva muy cerrada. Antes, uno subía con el acelerador a tope, cortaba motor al llegar arriba y tiraba del mando para dejar que el avión cayera. Con este aparato, el motor iba a plena potencia durante toda la maniobra: lo impulsabas alrededor del círculo completo. Muy distinto.

Ya llevaba acumuladas unas cincuenta horas de vuelo, que hoy me parecen ridículas, pero por entonces yo iba cogiendo confianza a buen ritmo. Llegó la hora de operar, y los doce aviones encendieron motores casi a la vez. Despegamos por parejas, formamos la habitual formación de escuadrón y pusimos rumbo sur.

Sintonizamos todos el canal "C" de la radio y, como ya he dicho, manteníamos absoluto silencio de radio hasta que se avistara al enemigo. Así que volábamos con la atención puesta en mantener la formación cerrada hasta que se diera la señal. Si atacábamos o nos atacaban, por radio sonaría la palabra "¡Break!". Nuestra labor como número dos era proteger al número uno hasta que llegara el momento de romper filas. A partir de ahí, cada cual libraba su propio combate. Por radio llegaban avisos como: "Enemigos, a las tres en alto".

Su primer Spitfire en operaciones, AZ-A

Mencioné que en esta segunda operación iba a tener un fallo técnico, y así fue. De repente, el escuadrón se dispersó en una maraña de giros, picados y ascensos sin que yo tuviera idea de lo que estaba pasando. No tardé en darme cuenta de que la radio había dejado de funcionar. Apreté todos los botones, con la esperanza de que volviera la señal, pero ni rastro. En cuestión de segundos, sin haber oído ninguna orden, estaba completamente desorientado. Y peor aún, no tenía ni idea de dónde estaba el resto.

Di vueltas en todas direcciones, pero no vi a nadie. La norma era que, si se estropeaba la radio, había que regresar, ya que sin comunicación, uno no servía de mucho, salvo que estuviera ya metido en faena. Pero esta era solo mi segunda salida. ¿Cómo iba a volverme? Habría sido vergonzoso. Así que volé al norte, al oeste, al este, al sur, subí unos miles de pies más y peiné el cielo. Nada. Qué situación más desesperante.

Tras cinco o diez minutos, subí a gran altitud y empecé a virar hacia el norte en zigzag. Una regla básica del piloto de caza es mirar un diez por ciento del tiempo hacia adelante y el otro noventa por ciento hacia todos lados, y yo lo puse en práctica al pie de la letra.

Estuve tan pendiente de volver a salvo sin que me cazaran que, cuando finalmente aterricé, el resto del escuadrón ya estaba tomando té en la sala de dispersión. Digo "el resto", pero no era del todo cierto. Faltaban tres, entre ellos mi número uno, Rover McLeod. Fue un golpe muy duro. Me presenté cabizbajo ante el comandante y le conté lo ocurrido. "No se podía hacer nada", me dijo. "Hiciste lo correcto." Y ahí quedó la cosa.

Pero no, claro que no quedó ahí. Tenía la cabeza hecha un lío. Sentía que no había sido útil para nadie, y menos aún para los tres que no regresaron. No había contribuido en absoluto. Intentaba convencerme de que no había sido culpa mía, pero de poco servía.

Los otros pilotos venían llenos de historias, y dos de ellos reclamaron una victoria: cada uno había derribado un Messerschmitt, y otros compañeros lo habían presenciado. Yo, por mi parte, había ganado algo más de experiencia, aunque fuera poca. En este oficio, cada día y cada operación sumaban conocimientos que aumentaban las probabilidades de volver de la siguiente misión.

Más tarde ese día, me enviaron solo a hacer una patrulla de convoy. Localicé dos barcos frente a la Isla de Wight y los escolté por la costa sur hasta Plymouth, donde otro Spitfire, basado en Cornualles, me relevó. Moví las alas en señal de despedida, volé bajo junto a los barcos, y uno de los tripulantes me saludó con la mano. Aquella patrulla me ayudó a recuperar algo de confianza y a serenarme. Informé al comandante de mi regreso.

Al día siguiente, quedábamos nueve aviones operativos, y me asignaron un nuevo número uno. Nos pusieron en alerta para el amanecer del día siguiente. No pasó nada; no hubo "scramble".

Más tarde, participé en una misión "Rhubarb" junto con otros tres pilotos. En estas misiones, el líder (el comandante de vuelo) hacía de navegante, y cruzábamos el canal raso, prácticamente a nivel del mar. El objetivo era atacar una batería antiaérea, lo cual hicimos, y no me cabe duda de que causamos bastante daño. Fue la primera vez que disparé las ametralladoras, y aunque recibimos fuego de respuesta, seguí atacando hasta agotar toda la munición. Por suerte, los cuatro regresamos sin novedad. El fuego enemigo daba respeto. Los alemanes usaban balas trazadoras cada diez disparos, y siempre parecía que iban directas a ti, hasta que en el último segundo se desviaban. Pero esta vez, tuvimos suerte. Hicimos dos o tres pasadas cada uno y regresamos.

Los días siguientes fueron tranquilos, y volvimos a ser doce con la llegada de tres pilotos nuevos. Uno era veterano, y los otros dos, novatos.

La siguiente "batida" fue una operación en grande, con todo el Ala (tres escuadrones) participando. Nos dieron el briefing antes del despegue, y el comandante del Ala lo terminó diciendo: "¡A vuestros caballos, muchachos!" Me pareció un idiota. Para mí, no tenía ninguna gracia. Era un tipo bajito (también veterano de la Batalla de Inglaterra), y terminó enterrado en Túnez. Pobre hombre.

Algunos miembros del Escuadrón 234. Ken, segundo por la derecha

Una vez más, esta operación resultó desastrosa para mí, aunque, como otras veces, alguien allá arriba debió de estar velando por mí. Esta vez todo el equipo funcionó como debía: el avión respondía perfectamente... el problema fui yo.

Como era una formación grande de treinta y seis aparatos, los radares alemanes nos detectaron de inmediato, y al cruzar la costa francesa a unos seis mil metros de altura, pronto nos vimos metidos en lo que se llamaba un "dogfight", una batalla aérea a corta distancia. El escuadrón se dispersó y yo me pegué a mi número uno. Me esforzaba tanto por hacer bien mi trabajo que lo primero que vi en el retrovisor fue el morro de un caza alemán. Estaba tan cerca que solo veía el motor y un trozo de ala. Disparaba sin parar. Nunca sabré cómo no me dio, pero no lo hizo, y en cuanto pude hice un giro cerrado.

Una ventaja del Spitfire frente al Messerschmitt 109 era que giraba mejor, y esa maniobra de giro cerrado la había practicado bastante.

Cuando haces un giro con las alas en vertical, los mandos cambian. Para girar más rápido, hay que tirar del mando, y el control de ascenso y descenso se hace con los pedales del timón de dirección. Pero en pleno giro, al tirar del mando, la sangre se va de la cabeza y baja a las piernas. Para paliar esto, en combate colocábamos los pies en la parte alta de los pedales. Si seguías girando, la sangre abandonaba los ojos y te quedabas ciego. Esa ceguera provocaba el desmayo, pero con práctica uno aprendía a soltar un poco el mando y mantener la conciencia, aunque fuera en negro total.

Eso hice, y aguanté el giro hasta creer que lo había despistado. Solté el mando y, créelo o no, estaba justo detrás de él. Pulsé el botón de disparo como un loco. ¡Nada! ¡Otra vez! ¡Nada! Maldición. No había activado los cañones. El interruptor seguía en "SEGURO". Me entró el pánico. Qué torpeza. Para cuando corregí, el alemán ya me había visto y desaparecido de mi vista.

No hubo más oportunidades. Ambos nos habíamos fallado a quemarropa. Después pensé que él también debía de ser tan novato como yo. Por supuesto, no le conté a nadie lo ocurrido. Imagino que nos había atacado una pequeña sección de cazas alemanes que hizo una pasada rápida y luego se retiró para no enfrentarse a toda la formación.

Una vez más, no me sentía nada orgulloso de lo que había hecho. Empezaba a pensar que quizá mi idea original de ingresar en la RAF como mecánico habría sido mejor. Pero ya no había vuelta atrás. Solo quedaba persistir y dar lo mejor de mí. No recuerdo bien cómo terminó el día, pero perdimos a dos o tres pilotos y aviones.

Al día siguiente, pregunté por mi amigo escocés y me dijeron que se había dado de baja por enfermedad. No lo volví a ver hasta después de la guerra. Me quedó la impresión de que todo aquello le había superado. Acabó como controlador de vuelo en la torre de control de algún aeródromo. Una verdadera lástima... pero así son las cosas.

Capítulo 12

Más de lo Mismo

E l título de este capítulo lo dice todo. Mi vida había entrado en una rutina: los días transcurrían más o menos iguales, salvo por algunos episodios excepcionales que paso a relatar.

Los tres escuadrones del Ala en Ibsley mantenían dos aviones en alerta permanente y otro par en reserva durante todas las horas de luz, desde el amanecer hasta el anochecer. El resto del tiempo lo ocupábamos en las habituales patrullas de convoy, incursiones Rhubarb contra objetivos concretos al otro lado del Canal y los típicos barridos de caza —ya fuera del escuadrón o del Ala entera—, que solían ocurrir cada dos días, dependiendo sobre todo del número de pilotos y aviones disponibles.

Normalmente volábamos a gran altitud —unos seis mil metros o más—, así que, salvo que se tratara de una misión a baja cota, entre el nivel del mar y unos dos mil quinientos metros, no nos molestaba mucho la artillería antiaérea (flak). Pero cuando entrábamos en su alcance, la cosa daba miedo. Si podíamos, hacíamos maniobras evasivas para salir de la "cortina" de explosiones. Cada estallido dejaba una nube de humo grisáceo, y algunos caían peligrosamente cerca. Aunque a veces recibí algún impacto, nunca tuvo consecuencias serias, gracias a Dios. El aeródromo de Ibsley nunca fue bombardeado, pero ciudades como Portsmouth, Southampton y Plymouth sí que recibieron lo suyo durante la noche.

Recuerdo haber tenido solo dos días libres durante mi estancia en Ibsley. En uno de ellos, fui con un amigo en autobús hasta Bournemouth. Dimos una vuelta, hicimos algunas compras y comimos en un restaurante del centro llamado Bobbys. También pasé por Boots, la farmacia, para comprar un pincel angulado y un producto para la garganta que solía usar cuando me daban molestias (amígdalas). Me ayudaba mucho. Por entonces, empecé a desarrollar una tos persistente de garganta, completamente nerviosa, que me duró bastante tiempo.

Ken, tercero desde la izquierda

Las bajas de pilotos y aviones iban en aumento, y era imposible no preguntarse cuándo te tocaría a ti. Las batallas aéreas eran bastante frecuentes, y yo empezaba a dudar si algún día lograría alcanzar a un enemigo con mis disparos. La técnica del tiro por anticipación se me resistía, y aquí explico por qué.

Imagina que vuelas en línea recta y a un mismo nivel, y un avión enemigo se cruza perpendicularmente por delante de ti. Si disparas cuando cruza tu línea de visión, para cuando tus balas lleguen allí, él ya habrá pasado. Por tanto, hay que apuntar por delante, anticipándose a su trayectoria, para que las balas lleguen justo cuando él pase por ese punto. Esto es el tiro por anticipación. La distancia a la que se debe apuntar por delante varía mucho según las condiciones, y yo nunca logré dominarlo. No había tenido ninguna práctica de tiro cuando llegué al escuadrón, y aunque dicen que la práctica hace al maestro, en mi caso no fue así.

La única práctica que tuve fue en combate real, y rara vez se presentaba una segunda oportunidad. Atacar objetivos en tierra era mucho más sencillo, aunque tendíamos a hacer varias pasadas hasta agotar la munición, lo cual era muy peligroso, ya que daba tiempo a las defensas a reaccionar. Aun así, atacar aviones en tierra o torres de control generaba un buen caos. Podías ver a los soldados cogiendo cualquier arma que tuvieran a mano —incluso revólveres o fusiles— para intentar derribarte.

Haz Que Valga

Sumado a la defensa antiaérea convencional, el mensaje era claro: no éramos bienvenidos.

Paso ahora, como prometí, a contar tres sucesos fuera de lo común.

El primero fue el día en que me mandaron solo en una misión urgente. Desde la sala de operaciones me dieron el rumbo: 130 grados a una altitud de 3.000 metros. Se trataba de un globo cautivo que se había soltado. Estos globos, sujetos al suelo con cables, servían como defensa antiaérea, obligando a los aviones enemigos a volar más alto y quedar al alcance de los cañones. Me dijeron que uno de ellos andaba suelto con el cable colgando y debía destruirlo. Lo localicé y disparé toda mi munición, esperando verlo estallar en llamas. Pero no pasó nada. Simplemente empezó a hundirse hasta tocar el agua. Por suerte, se desvió sobre el Canal y acabó cayendo en el mar. Informé de su posición y regresé a base.

Segundo suceso: Seis aviones fuimos designados para un ejercicio conjunto con el Ejército en Salisbury Plain. La idea era que ellos practicaran su respuesta ante un ataque rápido y a baja altitud sobre sus tanques. Nos dieron coordenadas precisas, y teníamos libertad para elegir la dirección del ataque, a ras de suelo. Nuestra formación entró en línea frontal sobre una colina, lo que impedía que nos vieran venir. A media tarde, hicimos la pasada con todo. El problema fue que, aunque los tanques eran maquetas de madera pintadas para parecer reales, los altos mandos del Ejército decidieron aparcar sus coches justo detrás de las maquetas. Uno de nuestros pilotos, al ver lo que creyó que era un blanco legítimo, abrió fuego contra un coche militar lleno de espectadores. Murió un coronel y varios oficiales resultaron heridos. Al piloto lo amonestaron, pero realmente no fue culpa suya: teníamos apenas segundos para elegir un objetivo y disparar. No se volvió a hablar del tema, pero en los futuros ejercicios, los "espectadores" se mantuvieron bien alejados. Por cierto, todas las maquetas quedaron pulverizadas.

El tercer episodio fue aún más desafortunado, y me cuesta contarlo. Pero si uno está escribiendo memorias, lo justo es contar la verdad.

Mi número uno, un canadiense llamado PO Cameron, y yo fuimos enviados a hacer un reconocimiento a baja altitud sobre la costa francesa. No recuerdo qué teníamos que observar exactamente, pero cumplimos la misión y emprendimos el regreso. Entonces vimos, arriba y al frente, un grupo de ocho o nueve aviones, que identificamos como

Messerschmitt 109. Cameron se comunicó con la sala de operaciones, y le confirmaron que eran "enemigos". Así que trepamos y atacamos desde unos 150 metros por encima y por detrás. Como ya conté antes, la mejor forma de derribar un avión es atacando desde atrás.

Atacamos la retaguardia: yo al de la izquierda, Cameron al de la derecha. Ninguno acertó, probablemente disparamos desde demasiado lejos. Volvimos a intentarlo, y sorprendentemente, aún no nos habían detectado. En la segunda pasada, Cameron acertó y derribó a su blanco. Yo alcancé al mío, aunque no parecía haberle hecho mucho daño y siguió rumbo al norte. Al girar después de mi ataque, vi con horror los emblemas de la RAF en el avión que acababa de disparar.

"¡Son Tomahawk!" grité por radio. Maldita sea. Qué desastre. Dimos media vuelta y regresamos a base preguntándonos qué demonios íbamos a decir. El Tomahawk era un avión estadounidense, y desde ciertos ángulos se parecía bastante al 109 alemán. No nos quedó otra que decir la verdad. Se lo contamos al coman-

Avión Tomahawk en Ibsley

dante, que se puso hecho una furia. Más tarde supimos que el piloto se había lanzado en paracaídas y aterrizó en el jardín de una casa en Poole, cerca de Bournemouth.

Al día siguiente, Cameron y yo fuimos llamados a presentarnos ante el Cuartel General del Grupo, que creo estaba en un aeródromo llamado Colerne, entre Bath y Bristol. ¿Sería nuestro final?

Entramos marcando el paso en el despacho del Air Commodore al mando del Grupo 10. Nos saludó con la vista fija en nosotros y preguntó cuántas horas de vuelo y operaciones teníamos. Se lo dijimos. Luego vino una bronca monumental, y concluyó diciendo que era deber de todo piloto de caza identificar su objetivo antes de disparar. Añadió que, teniendo en cuenta nuestra inexperiencia, iba a vigilar de cerca nuestro rendimiento a través del comandante del escuadrón. Volvimos cabizbajos. Todos querían saber lo ocurrido. Y en secreto, cuando todo pasó, pensé: "Bueno, al menos he acertado algo" —aunque fuera al objetivo equivocado.

No se volvió a hablar del incidente, pero en cuestión de días ocurrieron tres cosas sin relación aparente.

Primero, todo el escuadrón fue destinado a RAF Portreath, en la costa oeste de Cornualles, al norte de St. Ives y no muy lejos de Land's End.

Segundo, Cameron fue trasladado a un escuadrón PRU (Unidad de Reconocimiento Fotográfico). Estas unidades volaban Spitfires sin armamento, con tanques de combustible adicionales y cámaras. Su misión era fotografiar zonas concretas de Francia, Bélgica y otros países. Al ir más ligeros, eran más rápidos.

Y tercero, a mí me ascendieron a Sargento de Vuelo y me nombraron jefe de sección.

Y allá nos fuimos, rumbo a Cornualles.

Capítulo 13

Cornualles

Era ya principios de mayo de 1942.
La única pista del aeródromo de la RAF en Portreath terminaba justo al borde de un acantilado. La base tenía además una vía perimetral que cumplía dos funciones principales: alojaba a un Ala de Caza y servía como punto de paso final para los aviones que se dirigían a Gibraltar, Malta y Oriente Medio. Estos aparatos, a menudo antiguos bombarderos Wellington cargados hasta los topes de suministros para las fuerzas británicas en el frente oriental, eran llevados hasta el extremo de la pista —orientada aproximadamente de este a oeste, con vientos predominantes del oeste o suroeste—. Se les colocaban calzos frente a las ruedas y, tras completar las comprobaciones, el piloto ponía los motores al máximo. Al retirar los calzos, el avión avanzaba pesadamente por la pista, apenas logrando alzarse justo al borde del acantilado. Alguna que otra vez, no alcanzaban suficiente velocidad de vuelo y caían por el borde, estrellándose en el mar. Afortunadamente, esos casos eran contados, aunque no aislados. Algunos lograban sobrevivir. Otros no.

En el lado positivo, había una ventaja para nosotros. Como se dice del condenado que recibe un buen desayuno antes de su ejecución, a estos muchachos les servían una cena gloriosa de huevos con beicon la noche anterior a su partida. Y más de una vez nos las ingeniamos para unirnos a esa cena.

Tuve suerte de que una de las camareras de la WAAF (Fuerza Aérea Auxiliar Femenina) en el comedor de suboficiales se hiciera muy amiga mía. Por razones que nunca entendí del todo, se encariñó conmigo, así que yo tenía todo a favor. Era una chica guapa, y solía esperarme en la puerta de la cocina a la hora de comer. Apenas me veía, salía corriendo con mi bandeja, y, para disgusto de mis compañeros, yo era siempre el primero en ser servido. Conseguía sin problemas el famoso "Flap Supper" de huevos con beicon. Una vez, tan ansiosa por servirme, salió corriendo, tropezó y me volcó la comida encima. Me compensaron con una ración extra. Le coqueteaba de vez en cuando, aunque no recuerdo de qué parte del Reino Unido era. Me regaló una foto suya con su hijo de dos años. Le dije que la guardaría, y así lo hice, pero no sé qué fue de ella. Nunca supe nada de su marido, ni me importó.

Tras un par de semanas en Portreath, quedábamos solo ocho pilotos y aviones. Recibimos a cuatro nuevos. Uno era Ginger Lacey, veterano de la Batalla de Inglaterra, famoso por sus derribos. No estuvo mucho con nosotros, apenas un par de semanas. Tal vez lo enviaron para subir la moral. También se unieron un par de pilotos polacos, típicamente temperamentales y muy distintos a los británicos: con un odio visceral hacia los alemanes, salían a volar con ganas de pelea y, ya en el aire, solían ignorar las órdenes, romper formación y llenar la radio de parloteo en polaco, lo cual no ayudaba mucho al resto. Por suerte, se creó un escuadrón polaco y fueron destinados con sus compatriotas. Recibimos también a un par de pilotos daneses que resultaron ser excelentes.

Tuvimos un par de visitas destacadas. Una fue del príncipe Bernardo de los Países Bajos, que vino a felicitarnos por nuestra labor. La otra —aunque no recuerdo si ocurrió aquí o en Ibsley— fue del actor David Niven. Estaba rodando la película *The First of the Few*, protagonizada por Leslie Howard, quien encarnaba al diseñador del Spitfire, R. J. Mitchell. Aparecimos en la película en algunas tomas aéreas.

Portreath sufría de bancos de niebla repentinos, aunque nunca duraban más de 12 horas. Un día, el escuadrón salió en una misión a baja altitud, y al regresar por el Canal nos topamos con la niebla. El comandante ordenó que mantuviésemos la altitud, o mejor dicho, la ausencia de ella. Me pareció una locura. Aunque al principio le obedecí, al poco decidí que aquello terminaría en desastre al alcanzar la costa. Tomé a mi número dos y salimos por encima de la niebla. Nadie me recriminó la decisión, ya que, tristemente, el comandante no sobrevivió. Los cuatro aviones en cabeza se estrellaron contra los acantilados y nunca se les volvió a ver. Una tragedia vergonzosa. Aterrizamos en St. Eval, más arriba en la costa, repostamos y esperamos a que despejara.

Déjenme explicar el sistema de aterrizaje a ciegas que se usaba entonces, en comparación con los sistemas modernos. Cuando había niebla espesa, lo habitual era desviar al piloto a un aeródromo cercano, pero a menudo, al volver de Francia, apenas nos quedaban restos del depósito de 47 galones. Si era posible, intentábamos aterrizar en Portreath. Hacíamos varios intentos rápidos en el extremo de barlovento de la pista, con la esperanza de verla al ras del suelo. El "sistema" consistía en un soldado que salía pedaleando hasta el final de la pista con una linterna de bicicleta y dos láminas de celuloide: una verde y otra roja. Escuchaba el motor del Spitfire y, según su criterio, decidía si estábamos bien, altos o bajos. Nos apuntaba con la linterna filtrando el color correspondiente. Como al nivelar el avión no podíamos ver hacia delante, solo veíamos la luz —o a él— en el último segundo. Un sistema temerario, pero milagrosamente efectivo. No recuerdo que nadie muriera por eso, aunque sí hubo más de un accidente. Y así era el famoso "aterrizaje a ciegas", en el sentido más literal del término.

En estas últimas páginas he narrado episodios fuera de lo común, y aún me quedan más. Pero quiero detenerme aquí para destacar el impacto mental de las operaciones diarias, tanto defensivas como ofensivas. Cada misión era una experiencia angustiosa y peligrosa, y el miedo no disminuía con el tiempo. Algunos pilotos (y muchas tripulaciones) adquirieron fama de "valientes" por sus victorias y notoriedad. Pero, a mi juicio —y no lo digo por halagarme—, los verdaderos valientes eran los que tenían que reunir el valor una y otra vez para despegar y hacer su trabajo lo mejor posible, aun con miedo. No los que, sin miedo alguno, se lanzaban al peligro ignorando a los que dependían de ellos.

He conocido a varios de estos "valientes" de renombre, pero no mencionaré nombres. Hay una diferencia notable entre operar desde la costa británica y hacerlo en colaboración con el Ejército, cerca del frente. Por eso, siempre he admirado —y seguiré admirando— a los PBI (*Poor Bloody Infantry*), la infantería que se llevaba la peor parte.

Haz Que Valga

La diferencia no es abismal, pero sí real. Desde el Reino Unido, un piloto podía regresar rápido tras una misión. En el caso de los cazas, los vuelos eran breves. En apenas una o dos horas, uno pasaba de tomar el té en el comedor a jugarse la vida en el aire, y de vuelta otra vez. Uno terminaba viviendo como un esquizofrénico: dos vidas separadas en el mismo día.

En el frente también ocurría esto —como descubrí al formar parte de un escuadrón de primera línea a finales del 42—, pero allí esa dualidad se diluía. Al aterrizar, seguías en la línea de fuego. Los aeródromos sufrían bombardeos diarios, y a veces, fuego de artillería. Así que ya no importaba si estabas en el aire o en tierra. Todo era parte del mismo infierno, sin interrupciones. Estoy seguro de que cualquier veterano que haya combatido en ambas condiciones estaría de acuerdo conmigo.

Capítulo 14

Desvíos de la Rutina

Se ha dicho muchas veces desde la Segunda Guerra Mundial que el diseño del Spitfire era extraordinariamente excelente, y esto queda demostrado por las numerosas variantes —o Mark— que ayudaron a mantener su estatus como una formidable máquina de combate en primera línea.

Hubo en total unas veinticinco variantes, todas diseñadas con un propósito específico. Algunas estaban destinadas a vuelos de gran altitud, otras para vuelo a baja altura, algunas eran más rápidas y otras podían transportar más combustible, lo que extendía su alcance. Algunas tenían las alas recortadas, otras tenían los extremos de las alas reforzados y motores modificados para ser más veloces a baja altitud y así alcanzar las infames bombas voladoras alemanas V-1, lanzadas contra Londres desde las costas de Francia. Estos pilotos volaban junto a las V-1 y las desviaban de su curso introduciendo el extremo reforzado de sus alas por debajo del ala de la V-1, con la esperanza de redirigirla hacia Francia. Al parecer, tuvieron bastante éxito. Pero los Mark V fueron los verdaderos caballos de batalla de la guerra, y algunos aún siguen volando hoy, aunque en papeles mucho más tranquilos. Esto me lleva apropiadamente a la siguiente historia.

Cuatro de nosotros, considerados pilotos experimentados, fuimos enviados en nuestros aparatos al aeródromo de Charmy Down, en la zona de Bath y Bristol. Estas ciudades habían estado sufriendo recientemente bombardeos nocturnos, y a algún genio se le ocurrió la brillante idea de convertirnos en conejillos de indias.

¡Íbamos a convertirnos en pilotos de combate nocturno! Quien haya ideado esto debería haber sido expulsado de la RAF —o, mejor aún, que le hubieran asignado el trabajo a él mismo.

El caza nocturno establecido era un avión llamado Boulton Paul Defiant. Se trataba de un aparato monomotor, más pesado que la mayoría, modificado para vuelo nocturno, con dos tripulantes: el piloto y un artillero trasero que operaba una torreta de armas orientadas hacia atrás. Hasta donde sé, quedaban muy pocos en 1942. De hecho, no recuerdo haber visto ninguno. Su funcionamiento era evidente, y estaban equipados con la última tecnología de radar.

Ken, en el centro atrás. 1942

Sin embargo, el plan en Charmy Down era el siguiente. Tomaron un Boston Bomber (un avión estadounidense bimotor con una tripulación de cuatro), le cortaron el morro y lo reemplazaron por un reflector. Con ayuda del radar y del personal en tierra, buscaban a los bombarderos enemigos. Un Spitfire volaba ligeramente por detrás, arriba y a un lado del Boston, manteniendo contacto por radio. Una vez posicionado tras el enemigo, el Boston se acercaba lo más posible y encendía el reflector. Entonces nosotros descendíamos en picado y atacábamos. El Boston permanecía iluminando al enemigo hasta que veía pasar al Spitfire, momento en el cual se apartaba para dejarnos terminar el trabajo.

Imaginen, si pueden, la situación en la que nos encontrábamos. En primer lugar, el giro potencialmente violento durante el despegue puede ser problemático incluso para pilotos experimentados. En segundo lugar, el tren de aterrizaje excepcionalmente estrecho hacía del aterrizaje nocturno una amenaza. Por último, la falta de visión frontal durante el despegue y el aterrizaje, junto con el resplandor que emanaba de los tubos de escape incandescentes, dificultaban aún más la vida.

Con el elevado rango de Sargento de Vuelo —los otros tres eran Sargentos—, yo estaba al mando del elemento de caza de la unidad. Por razones obvias, me aseguraba de que todos tuviéramos el mismo número de salidas, que normalmente eran dos o tres por noche, según la frecuencia de los bombardeos. El resultado de este increíble ejercicio fue cero bombarderos enemigos derribados, pero la pérdida innecesaria de dos de los nuestros. Estas bajas ocurrieron durante el despegue y el aterrizaje. Al cabo de unos diez días, los altos mandos decidieron cancelar el ejercicio, y los dos que quedábamos regresamos agradecidos a Portreath para retomar una tarea que conocíamos mejor: el vuelo diurno. Adiós, Charmy Down.

En un vuelo de práctica poco después de esto, volví a probar los límites de mi Spitfire, y fue una experiencia valiosa para su uso futuro. Sin embargo, en esta ocasión, decidí averiguar exactamente cuán rápido podía ir el avión. Lo llevé a más de veinte mil pies de altitud, momento en el que comenzaba a tambalearse un poco en la atmósfera enrarecida. Lo puse en invertido, apunté la nariz directamente hacia abajo, abrí el acelerador y observé el indicador de velocidad. No recuerdo la cifra exacta, pero al calcular la velocidad según la altitud, era claramente superior a las 450 millas por hora. Comenzando a asustarme, saqué el avión de la picada. Todo iba bien hasta que llegué al aterrizaje. Al aproximarme al aeródromo, el avión era maniobrable, pero se comportaba de manera extraña. Al bajarme, di la vuelta alrededor de él y, finalmente, noté que el plano de cola ya no estaba horizontal y la aleta ya no era vertical. Algo avergonzado, informé de lo ocurrido, y el aparato fue dado de baja.

Uno o dos días después, llegaron representantes de la fábrica Supermarine con bombines y examinaron el aparato. Estaban bastante perplejos y consternados, y organizaron el transporte del avión de vuelta a la fábrica. Me sentí bastante apenado por perder mi "AZ-A" después de tanto tiempo, pero fue enteramente culpa mía. El incidente generó gran interés en el escuadrón, pero, por suerte para mí, no recibí ningún castigo.

"AZ-A", el avión de Ken

Haz Que Valga

Tiempo después, estando en alerta, recibí la orden: "¡Despegue inmediato, un avión!" —despegue de inmediato y me dieron instrucciones de rumbo y altitud. Me dijeron que la base de nubes estaba en torno a los 500 pies, y así era. Entré en la nube. Nunca me gustó volar en nubes, pero había una regla importante: siempre, siempre, debes confiar en tus instrumentos. Lo hice de forma absoluta. Ellos te dicen la verdad cuando tu mente no lo hará. A veces sientes que estás ascendiendo, descendiendo o con un ala baja, pero tus instrumentos dicen que no. Mantuve el rumbo y subí a la velocidad especificada —y subí, y subí, y subí. ¿Debía volver o seguir? Seguí subiendo, y a poco más de 20 mil pies salí de la nube. Gracias a Dios.

Informé: "Ángeles 21—nublado". Esta palabra les indicaba que estaba justo por encima de las nubes, sin nadie a la vista. Al cabo de un par de minutos, recibí el mensaje: "Regrese a base." Maldije en voz baja y tuve que enfrentar el descenso a través de espesa nubosidad. "Instrumentos, instrumentos," pensé, y me lancé. Regresé sano y salvo y conté la historia al aterrizar. No fue un vuelo nada agradable.

En junio, llegó la orden: trasladarnos a Tangmere, cerca de Chichester. No sabíamos por qué. Al día siguiente ya estábamos patrullando la costa francesa. Éramos la cobertura superior, como siempre. Volábamos desde primera hora, volvíamos a repostar y salíamos otra vez. Al poco nos enteramos del motivo. Desde Dunkerque, las unidades del Ejército no habían tenido acción real, solo entrenamientos. Este despliegue era una especie de ensayo general para una invasión: Dieppe.* La llamada incursión de Dieppe fue un ensayo de desembarco que acabó en desastre. Muchos canadienses murieron o fueron capturados. Nosotros sólo nos enteramos unos días después de los hechos, pero ya sabíamos que algo no andaba bien.

De regreso en Portreath, había habido una serie de incursiones alemanas diurnas del tipo "golpea y corre" en la costa sur de Cornualles. Estos atacantes venían a baja altura (tal como hacíamos nosotros), y el radar no los detectaba hasta que ya era casi demasiado tarde. Para

---

* La incursión de Dieppe (19 de agosto de 1942) fue un asalto anfibio aliado contra el puerto francés de Dieppe, ocupado por los alemanes. Concebida como una prueba para futuros desembarcos, la operación resultó un desastre: de los casi 6,000 soldados —en su mayoría canadienses— más de 3,300 fueron muertos, heridos o capturados. Las lecciones aprendidas de este fracaso fueron clave para la posterior planificación del Día D.

combatir esto, se enviaba una sección de dos aviones desde Portreath justo al amanecer, cuando había suficiente luz para despegar. Volábamos hacia un campo —y quiero decir un campo literal— en Lizard Point. Allí aterrizábamos, virábamos contra el viento y nos quedábamos sentados en nuestros aviones con la radio encendida. Nos ordenaban despegar en cuanto la Sala de Operaciones detectaba a los atacantes por radar. Despegábamos inmediatamente y salíamos en persecución. Tras el despegue desde el campo, éramos reemplazados por otros dos aviones. Aunque este sistema se mantuvo durante un tiempo, nunca escuché que tuviera éxito, y finalmente fue abandonado.

Un nuevo integrante del escuadrón era un veterano de la Batalla de Inglaterra llamado Drinkwater ('toma agua' en inglés). Jamás olvidaré su nombre. Muy inusual. Un día estaba charlando con él y mencioné que me vendría bien un poco de permiso. "Olvídalo," dijo. "Irte de permiso es genial, pero volver a esto es espantoso. Es mejor quedarse donde estás. Aunque no recuerdo haber tenido nunca permiso de todas formas."

Había oído hablar de una unidad llamada MSFU, que significa "Merchant Ship Fighter Unit" (Unidad de Caza de Barcos Mercantes), y como sentía que necesitaba un cambio, solicité un traslado. Diré aquí y ahora que no supe nada más del asunto, y en retrospectiva, me alegro bastante. Los convoyes de barcos mercantes que navegaban entre el Reino Unido, Canadá y Estados Unidos eran atacados en ocasiones por un bombardero alemán de largo alcance llamado Cóndor. Estas aeronaves localizaban convoyes, los atacaban con bombas y se retiraban rápidamente —con buen juicio. Si ya no tenían bombas, no tenía sentido quedarse, especialmente si estaban fuera de su radio de acción. Para combatir esto, uno de los barcos mercantes era equipado con una especie de catapulta, que lanzaba un viejo Hurricane, prácticamente al final de su vida útil. Dos pilotos iban a bordo, cada uno en estado de alerta durante la mitad del día. Cuando eran llamados, el Hurricane era catapultado para intentar derribar al Cóndor.

No había forma de aterrizar nuevamente, así que la idea era calcular la dirección del viento y lanzarse en paracaídas para caer en el mar frente al convoy, ligeramente hacia un lado. El destructor que escoltaba al convoy recogería al piloto del agua. Había un problema importante: si el piloto calculaba mal y aterrizaba en el mar en una posición incorrecta, el destructor no daría la vuelta para rescatarlo. Pueden ver por qué me

Haz Que Valga

alegré de no saber más sobre ese destino. El mismo sistema se usaba en los convoyes a Rusia, pero me dijeron que después de más de dos minutos y medio en las aguas heladas, había poca esperanza de sobrevivir.

Hacia mediados de julio, el comandante me mandó llamar, y camino a su oficina me pregunté qué demonios habría hecho ahora. "Preséntese ante el Oficial Aéreo al mando del Grupo 10 en Colerne mañana a las 10:00 a. m.," me dijo. "¿Esto sería más problemas?" pensé. Lo miré, y con una sonrisa, dijo: "Lo he propuesto para una comisión. ¡Buena suerte!" "Sí, señor," respondí, y salí sintiéndome bastante eufórico.

El asunto del rango era algo farsesco, especialmente en los cazas con una sola plaza. Como Sargento de Vuelo, había liderado el escuadrón en varias ocasiones, tarea que según el reglamento correspondía a un Teniente de Vuelo. Entiendo que, más adelante en la guerra, se creó un comedor para tripulaciones en lugar del comedor de oficiales o el de suboficiales. Esta fue una idea mucho mejor, ya que algunos pilotos suboficiales, incluidos Sargentos, Sargentos de Vuelo y Suboficiales Mayores, rechazaban las comisiones por razones que solo ellos conocían.

Sin embargo, llegué al cuartel general del Grupo 10 y descubrí que era uno de una docena de pilotos de varios escuadrones del grupo. Nos entregaron formularios para completar con detalles sobre nuestra educación, horas de vuelo, horas de vuelo operacionales y el escuadrón al que pertenecíamos. Rellené mi formulario pero omití responder una pregunta: "¿Cuál era la ocupación o profesión de su padre?" No veía cómo eso se relacionaba con mis capacidades como piloto o líder de pilotos.

El primer chico que salió de la entrevista nos dijo: "No tengo ni la más mínima posibilidad —¡mi viejo es un minero galés!" No sé si lo aceptaron.

Sin embargo, el comodoro aéreo, creo que fue él, me dijo sin rodeos que si me hacían una pregunta, debía responderla. Aparte de eso, la entrevista transcurrió sin problemas, y volé de regreso a Portreath. Tomará algo de tiempo incorporar el resultado de esta entrevista en mi historia.

A principios de agosto, el escuadrón recibió la orden de volar a Biggin Hill, en Kent, donde se esperaba que permaneciéramos algún tiempo. Estaban teniendo lugar intensos combates aéreos sobre el Canal y la costa francesa, especialmente alrededor de Calais, y se buscaba reunir la mayor cantidad de cazas posible. Cuando llegamos, nos dimos cuenta de que tenían razón: ¡realmente había combates aéreos allí! Además, habían comenzado las incursiones de bombardeo diurno. Los estadounidenses se encargaban de la mayoría de las incursiones diurnas, y los británicos, de las nocturnas.

Nuestra primera tarea fue escoltar algunos B-29 Superfortress estadounidenses en una incursión contra un objetivo industrial. Debido a nuestro alcance limitado, solo podíamos escoltarlos hasta cierto punto y luego regresar. Después volvíamos a salir lo más lejos posible para escoltarlos de regreso al Reino Unido. Recuerdo que una vez, durante una de estas escoltas de regreso, uno de los Superfortress fue alcanzado seriamente por fuego antiaéreo y el artillero trasero resultó herido. Estábamos, por supuesto, en la misma frecuencia de radio, así que escuché todo lo que sucedía dentro del avión. El artillero trasero, en la parte inferior del fuselaje, no podía rotar su torreta para salir de ella, por lo que quedó atrapado. La hidráulica había sido dañada, así que el piloto dijo que tendría que aterrizar sin tren. El pobre artillero escuchaba todo esto y sabía que sería aplastado al aterrizar. Nunca lo he olvidado —el pobre tipo.

Poco después estuve involucrado en un combate sobre Calais. Mi avión fue alcanzado, aunque no lo suficiente como para causar daños importantes. En el fragor del combate, realicé una maniobra violenta que requirió un uso rápido y fuerte del pedal del timón. Mi pie resbaló del pedal superior y, de alguna manera, quedó atrapado entre el soporte superior e inferior. El dolor fue bastante fuerte, pues me torcí el pie y los dedos hacia atrás de forma brusca. Aterricé aún con el pie atrapado. Al tocar tierra, le dije al mecánico: "Vas a tener que ayudarme a salir de este aparato." Tardó un rato en liberar mi pie, y me ayudó a regresar tambaleándome al barracón.

Me llevaron al hospital de Orpington, aunque al menos había alcanzado a dañar un ME-109. Debido a lo del pie, no vi si el piloto enemigo se lanzó en paracaídas o cayó. Me acreditaron un "DAÑADO" —¡maravilloso!

El hospital diagnosticó sinovitis traumática y me indicaron tratamiento con ondas cortas. El pie y el tobillo fueron vendados en un soporte metálico y solo se retiraban durante las sesiones de tratamiento.

Haz Que Valga

Y así fue como —como suele decirse— pasé mi vigésimo primer cumpleaños en el hospital. Permanecí allí unos diez días y luego regresé a Biggin Hill, donde encontré mi avión, que había sido reparado. No tenía nada más grave que agujeros de bala.

Volé de regreso a Portreath y me reintegré al escuadrón. De ese agosto recuerdo tres incidentes. Yo era, y había sido durante bastante tiempo, el "habitante más antiguo" del escuadrón. Tales eran las pérdidas de pilotos, y agradecía a mi buena estrella seguir allí, y rezaba para que la suerte continuara, como así fue. Aún no había caído en el alcohol. Todavía no tenía el buen sentido de recurrir a él para aliviar la tensión y las presiones de la vida en un escuadrón. No era el único abstemio; había otros, pero debo admitir que eran bastante escasos. Las operaciones aún me aterraban, pero diré en mi defensa que nunca rehuí una misión y siempre di lo mejor de mí. Mi historial de "ABATES" no es impresionante, pero así fue.

Una vez más, no recuerdo haber tenido mucho tiempo libre —visité el pueblo de Redruth una tarde, pero no recuerdo otros paseos. Ni siquiera llegué al propio Portreath, y nunca supe dónde estaba nuestro Control de Tierra, o Sala de Operaciones, como la llamaban. No fue sino hasta muchos años después que mi hijo David visitó el pueblo de Portreath y descubrió que la Sala de Operaciones había sido transformada en un bar y ahora llevaba ese nombre.

Unos pocos seleccionados volamos a Colerne para ver un Focke-Wulf 190, un caza alemán. Era su modelo más nuevo y bastante superior al ME-109. Se presumía que el piloto se había desorientado y volaba hacia el sur cuando cruzó el Canal de Bristol y, confundiéndolo con el Canal de la Mancha, aterrizó en el primer aeródromo que vio. Al salir del 190, cerró la cabina y les dijo a los que se acercaron que si alguien la abría, el avión explotaría. Esto los tuvo intrigados un rato, pero finalmente la abrieron. Lo examinamos de cerca, lo cual fue muy informativo, ya que esos 190 eran ahora nuestros nuevos oponentes. El piloto fue, por supuesto, hecho prisionero.

El segundo incidente fue uno que nos dejó profundamente conmocionados. No muy lejos, en la costa de Cornualles, estaba el aeródromo de Saint Eval. Una noche, un avión alemán lanzó una mina terrestre con paracaídas, que cayó directamente sobre un refugio antiaéreo. Trágicamente, casi una docena de integrantes del Servicio Auxiliar Aéreo Femenino murieron.

El tercer incidente se refiere a un ataque tipo Rhubarb realizado por dos aviones —mi número dos y yo. Al salir de Francia, volando muy bajo, avisté un barco cerca de la costa francesa. Parecía un barco mercante reconvertido, y claramente era alemán. Ascendí unos quinientos pies y lo ataqué. Ambos hicimos dos pasadas, y vimos que habíamos acertado. Desafortunadamente, en la segunda pasada, mi número dos fue alcanzado. La cantidad de fuego de respuesta me convenció de que, en realidad, se trataba de un buque antiaéreo*, y la barrera de fuego era realmente aterradora. Viramos hacia el norte, y mi número dos dijo que perdía altitud. Hizo lo posible por mantener el avión en el aire, pero finalmente tuvo que abandonarlo. Yo di vueltas a su alrededor, cambié de inmediato al canal "D" de la radio y lancé el mensaje: "Mayday, Mayday." La palabra clave "Mayday" proviene del francés "m'aider," que significa "ayúdame." Recibí una respuesta inmediata y me dijeron que transmitiera durante 20/30 segundos mientras calculaban mi posición. Continué rodeándolo mientras él se subía a una balsa. Permanecí con él todo lo que el combustible me permitió, pero antes de irme transmití nuevamente para confirmar la posición. Pasé bajo, cerca de él, y me saludó. Estaba bien, y le devolví el saludo. El equipo de rescate aéreo y marítimo lo recogió, y regresó al escuadrón pocos días después. Excelente labor del equipo de rescate, que siempre hacía lo posible por rescatar a los aviadores, incluso a la vista de la costa enemiga.

En algún momento de septiembre, fui destinado a la RAF Digby, en Lincolnshire, al Escuadrón 242. Viajé en tren hasta Digby y, tras presentarme, descubrí que había pilotos de otros escuadrones y personal de tierra de varios lugares.

Al dejar Portreath, me despedí del escuadrón y de mi fiel mecánico, y me dio mucha pena perderlo. Era un tipo muy concienzudo y siempre estaba interesado en mis misiones. La única vez que lo molesté fue cuando devolví el "AZ-A" con el fuselaje torcido. Pero ahora me tocaba avanzar.

Y para terminar este capítulo sobre "Desviaciones de la norma,"

---

* Un buque antiaéreo era una nave fuertemente armada, a menudo convertida de un barco mercante, equipada con cañones antiaéreos para derribar aviones enemigos.

Haz Que Valga

escribiré sobre una tarea muy agradable que me tocó realizar un par de veces. En ocasiones especiales, recibíamos a miembros del Air Training Corps (ATC) del área. Como sus equivalentes en el mar y el ejército, era un cuerpo formado por jóvenes —principalmente chicos en esa época— interesados en una rama concreta de las Fuerzas Armadas.

En el día asignado, marchaban desde la entrada principal del aeródromo hasta nuestra zona de dispersión, bajo el mando de su oficial. Según su número, se los dividía en pequeños grupos de tres o cuatro. Luego se los entregaba a nosotros, y los guiábamos por el área del escuadrón, explicándoles todo. Todos estaban muy entusiasmados y hacían decenas de preguntas. El clímax de la visita, por supuesto, era el avión —el Spitfire. Se dedicaba mucho tiempo a mostrarles todos sus detalles y permitir que, uno por uno, se sentaran en la cabina, donde se les explicaban todos los instrumentos, palancas y controles. Nuevamente, una multitud de preguntas. La etapa final de la visita era un vuelo, y para ello utilizábamos el fiel Tiger Moth con sus dos cabinas. Nuevamente, una breve descripción de los instrumentos y controles. Luego, el vuelo. Se les abrochaba, se les daban casco y gafas, y se conectaban al tubo de comunicación. La mezcla de aprensión y deleite en sus rostros era increíble. A cada uno se le daba un vuelo corto de quince a veinte minutos. Aunque estaba prohibido, yo solía mostrarles los efectos del manejo de la palanca de control (o joystick, como se le llamaba antes), y luego dejaba que ellos mismos lo intentaran. Pueden imaginar la emoción, especialmente cuando contaban su experiencia a los demás al aterrizar. Era, por tanto, algo muy gratificante para nosotros. No sé cuánto influyeron estas ocasiones en las carreras de los chicos, aunque imagino que un porcentaje bastante alto acabó ingresando en la RAF.

Capítulo 15

Embarque y Desembarco

La base de la RAF en Digby, Lincolnshire, estaba a reventar de personal. Todos los pilotos éramos del escuadrón de Spitfires, y, tras registrarnos, simplemente nos quedamos esperando.

¿Por qué estábamos allí? ¿Qué estaba pasando? Había un sinfín de preguntas, pero ninguna respuesta clara. No teníamos aviones, y todo el mundo especulaba. El secreto que rodeaba todo el asunto era absoluto, hermético.

A los pocos días, nos dieron un permiso de embarque y pasajes de tren para ir a donde eligiéramos. Tuvimos que llevar todo nuestro equipo, aunque nos pidieron aligerar peso. ¡Por fin nos íbamos de permiso, pensé! Pero ese "de embarque" delante de la palabra "permiso" le daba otro tono. Nos concedieron cuatro días en casa, lo cual fue estupendo... pero volaron.

Al regresar a Digby, la situación no había cambiado: ni rastro de novedades. No había oído nada sobre mi comisión, y llegué a la conclusión de que no haber respondido la pregunta sobre la profesión de mi padre me había marcado como insubordinado ante el Comodoro del Aire.

A mi vuelta conocí a un sargento piloto de Exmouth y nos hicimos buenos amigos. Increíblemente, también se llamaba Ken. Al cabo de un par de días nos entregaron un abrigo de piel, guantes de piel y un gorro forrado. "¡Dios santo, nos mandan a Rusia!", pensamos. Dos días después, nos ordenaron devolver todo el equipo de invierno... y al día siguiente nos dieron uniformes tropicales. Un auténtico manicomio. Las órdenes venían de arriba, todos los rangos obedecían sin saber qué ocurría. El secreto seguía siendo total. Nadie tenía ni idea de nada, y así seguiría durante bastante tiempo.

Escuadrón 242 listo para partir. ¿Pero hacia dónde? Ken, el último a la derecha.

Nos dejaron con el equipo tropical, y tras un par de días más, nos reunieron y nos llevaron a una estación de tren. Se nos ordenó asegurarnos de tener nuestras cantimploras llenas, y luego subimos a un tren. Los vagones eran antiguos, es decir, sin pasillo, y a medida que cada compartimento se llenaba, se cerraba con llave. Esto resultaba muy extraño, pero obviamente tenía como fin mantener el secreto. El tren arrancó pronto y avanzó lentamente durante la tarde y la noche. Debo decir que en aquellos tiempos de guerra, todos los nombres de las estaciones habían sido eliminados, al igual que las señales de tráfico en las carreteras, así que no teníamos forma de saber dónde estábamos.

A la mañana siguiente, nos detuvimos y pronto supimos que estábamos en Gourock, en el Clyde. Había barcos de todos los tamaños anclados en el estuario y muchas embarcaciones de transporte, todas numeradas. A cada uno se nos entregó un vale con el número de nuestra lancha, y esperamos nuestro turno. Incluso el más ingenuo podía intuir que íbamos a hacer un viaje por mar.

Mi experiencia marítima era mínima. Un viaje desde Fleetwood a la Isla de Man y otro a Belfast, en Irlanda del Norte, era todo lo que había hecho. Pero fue suficiente para saber que no era un marinero. El vaivén de un barco no era mi idea de diversión ni de disfrute. Consideré el problema, y al observar la variedad de embarcaciones, me di cuenta de que mi mejor opción era subir al barco más grande. Sugerí a mi amigo que tal vez estaríamos mejor en un transatlántico. El primer paso era averiguar qué lancha nos llevaría al trasatlántico. Fue fácil hacerlo, y cambiamos nuestros vales por los de la lancha correcta. Mi amigo estuvo completamente de acuerdo con el plan, y pronto nos encontrábamos a bordo de la lancha que habíamos elegido y que nos llevó hasta un trasatlántico de veintiún mil toneladas llamado "Stratheden".

Esto fue muy incorrecto, y como castigo, llegamos doce días después al lugar y momento equivocados. Esta historia mostrará lo que nos ocurrió y lo que debería haber ocurrido.

El transatlántico había sido reconvertido de crucero a buque de tropas, y había literas y hamacas por todas partes. Muy poco personal de la RAF a bordo; la mayoría eran del Ejército. El número total de personas transportadas era de unas 5,500. Era un convoy enorme. He oído que participaron hasta 700 barcos. Zarpamos rápidamente el 27 de octubre, y el secretismo continuó. Me dijeron que ni siquiera el capitán conocía el destino, sino que abría sus órdenes día a día. Por supuesto, abundaban los rumores, y supimos que en un momento dado estábamos a solo dos días de Nueva York. Verdadero o falso, no lo sé. Fue bastante miserable estar a bordo, y pasábamos mucho tiempo en cubierta intentando mitigar el mareo.

Sin embargo, todo llega a su fin, y finalmente avistamos tierra. El último día a bordo, nos dieron una charla. Ese era el plan —por fin.

Montgomery y sus "Desert Rats" habían estado luchando por avanzar hacia el oeste a lo largo de la costa del norte de África, donde se libraron muchas batallas contra alemanes e italianos. Lugares como Tobruk, El Alamein, Bengasi, etc., son ahora famosos campos de batalla, y el frente se movía de un lado a otro desde Egipto y la zona del canal. La idea, entonces, era clara. Las fuerzas aliadas invadirían Argelia, en el oeste del norte de África. Lucharían hacia el este hasta Túnez y, con suerte, se encontrarían con el Octavo Ejército y los Desert Rats, expulsando así a los alemanes e italianos del norte de África, para que la guerra contra Alemania pudiera lanzarse desde el continente europeo.

Y así fue como desembarcamos en Argel el 8 o 9 de noviembre. Los demás pilotos del Escuadrón 242 y de otros escuadrones obedecieron las órdenes y fueron enviados directamente desde Gourock a Gibraltar en destructores, donde llegaron Spitfires en cajas desde el Reino Unido y se ensamblaron rápidamente. Luego volaron hasta Argel en el momento señalado de la invasión y aterrizaron en el aeródromo de Maison Blanche. Al mismo tiempo, las fuerzas estadounidenses desembarcaron en Orán y en la costa de Marruecos.

Esto era lo que se estaba llevando a cabo. El 1.er Ejército estadounidense y algunas unidades de su fuerza aérea se unieron a las fuerzas británicas y de la Commonwealth en nuestro extremo occidental. Es un descuido por mi parte no haber mencionado antes a la Armada y a la Fleet Air Arm, y ahora lo hago, aunque conozco poco sobre sus movimientos.

Ken y yo nos sentimos un poco como huérfanos o rezagados cuando desembarcamos, pero pronto localizamos a nuestro escuadrón. Supongo que nos lo teníamos merecido por haber tenido que caminar, con todo nuestro equipo, desde el puerto de Argel hasta el aeropuerto de Maison Blanche, pero así fue, y nos acaloramos bastante en el proceso. Al llegar al aeropuerto, descubrimos que el escuadrón ya se había trasladado y había volado hacia el este, a Sétif. Nos sentimos algo abandonados, pero por supuesto, era completamente culpa nuestra, o más bien, siendo sinceros, mía.

No importaba, pensamos; los Spitfires llegaban con frecuencia desde Gibraltar y estaban estacionados por todo el lugar, incluso junto a la pista. Revisamos uno o dos y vimos que estaban repostados. Buscamos al oficial de suministros de la RAF y le explicamos que éramos llegadas tardías del Escuadrón 242, pero que nos habían asignado el barco equivocado en el Reino Unido y habíamos llegado a Argel en lugar de a Gibraltar.

La historia fue creída sin objeción, y pedimos permiso para tomar un par de Spitfires y volar hacia el este para unirnos al escuadrón. Una solicitud razonable, creímos. Él se negó rotundamente. "Entonces, ¿cómo salimos de aquí?", preguntamos. "Quizá el Ejército pueda ayudarles," respondió, y nos fuimos a buscar a alguien. Lo encontramos: un capitán del Ejército, y le contamos nuestra situación. "¿Podemos conseguir un aventón?", preguntamos. "Haré algo mejor," dijo. "Tengo muchos vehículos que han llegado por mar, pero no tengo conductores. Así que cuanto antes los lleve al frente, mejor. ¿Saben conducir?" "Sí," respondimos. "Bien," dijo, "allí fuera hay varios camiones Bedford de tres toneladas con remolques. Llévenme uno al frente." Cargamos nuestro equipo y partimos. Había mucha gasolina de repuesto en bidones, y nos pusimos en marcha. Habíamos cambiado de profesión, pero supuse que era por una buena causa... ¿o no?

Condujimos hacia el este, rumbo al escuadrón en un pequeño pueblo llamado Sétif. La duración del trayecto se ha perdido en la niebla del tiempo, pero tiempo después llegamos a las montañas. Eran las montañas del Atlas sahariano, y la carretera se deterioró. Serpenteaba cuesta arriba durante largo rato, y en algunas curvas tuvimos que dar marcha atrás más de una vez. Con el remolque enganchado, no era fácil —al menos, no para nosotros.

Nos resultó imposible hacer girar el camión y el remolque en una curva en particular. Nos detuvimos para deliberar. Teníamos que seguir adelante de alguna manera y no pensábamos empezar a caminar. El remolque estaba prácticamente en el borde de un precipicio. Acordamos una solución, y tras desenganchar el remolque, uno de nosotros le dio un empujón con la parte trasera del camión. Fue un espectáculo fascinante verlo dar volteretas montaña abajo. Finalmente, estalló y cientos de papeles salieron volando por el aire. ¿Qué papeles serían?, nos preguntamos. Obviamente, era un remolque administrativo o tal vez de una oficina de orden. Nuestro problema estaba resuelto. Pero esto era la guerra, pensamos, y en la guerra suceden cosas extrañas. Era algo difícil de decir con certeza de qué lado estábamos en ese momento. Por eso, ruego al lector que mantenga cierto nivel de discreción respetuosa con respecto a estos hechos. Sigo vivo, y el brazo de la ley es largo.

Llegamos a Sétif y, afortunadamente, encontramos muy fácilmente a la unidad del Ejército correcta, donde intercambiamos nuestro Bedford de 3 toneladas por un viaje hasta el aeródromo, donde estaba destinado el escuadrón.

Nos presentamos ante el comandante y le contamos la cadena exacta de mentiras sobre cómo habíamos tenido la desgracia de ser embarcados en el barco equivocado en Gourock. Nos dieron la bienvenida igualmente, ya que ya habían perdido pilotos y aviones. Le hablamos de las filas de Spitfires en el aeródromo de Maison Blanche y cómo no habíamos podido llevarnos dos por no tener la correspondiente autorización. Le informamos al comandante sobre nuestro trayecto desde Argel, y su respuesta fue asombrosa. No recuerdo sus palabras exactas, pero fue algo así: "Parece que ustedes son bastante capaces de ir del punto A al punto B," dijo. "Vuelvan a Maison Blanche y traigan de vuelta dos Spitfires. Si tienen éxito, enviaré a alguien más también." Quedamos desconcertados, por decir lo menos.

No obstante, solo con nuestro equipo ligero, tomamos la carretera principal, pensando que podríamos conseguir un aventón. En una zona de guerra, el tráfico del Ejército es constante, de ida y vuelta hacia el frente. Pero de algún modo tuvimos mala suerte y no encontramos a nadie que fuera todo el trayecto hasta Argel.

¡Pero sí que encontramos algo! Era un coche sedán bastante bonito, evidentemente de un civil, ya que no tenía marcas del Ejército. Y tenía la llave de encendido puesta. Se nos vino a la mente otra vez la frase "En el amor y en la guerra, todo vale", y nos subimos al coche y condujimos hacia el oeste. Conseguimos gasolina aquí y allá del Ejército, aunque creo que parte de ella tenía un octanaje que el motor no apreciaba demasiado. Sin embargo, el coche avanzaba penosamente, y sentimos que no debíamos apagarlo, ni siquiera para descansar una noche. Así que nos turnamos al volante durante toda la noche. Hasta donde recuerdo, solo tuvimos que pasar una noche en el camino, y finalmente llegamos al aeródromo de Maison Blanche, con el motor comportándose bastante mal. Lo estacionamos y nos fuimos discretamente a planear nuestra campaña. Primero verificamos la disponibilidad de Spitfires, y seguían allí. Nuevamente nos dirigimos al oficial de suministros y le dijimos que el comandante del Escuadrón 242 nos había enviado de vuelta para obtener aviones de reemplazo. La respuesta fue la misma que antes: sin autorización, no hay avión. Así que arreglamos alojamiento para pasar la noche.

Durante nuestra espera, descubrimos que el coche que "encontramos" pertenecía a un funcionario de la ciudad de Argel y había sido asignado al Group Captain a cargo de Maison Blanche. Algún canalla lo había robado y conducido hacia el este hasta Sétif, donde lo encontramos. ¡Qué casualidad! El Group Captain se alegró mucho de recuperar su coche, aunque no tanto al ver que el motor no arrancaba. En retrospectiva, diría que sufría problemas de válvulas.

Estábamos listos al amanecer, y nuestro plan era bastante simple. Caminaríamos por el aeródromo y tomaríamos los dos Spitfires más alejados del cuartel general. Llevábamos nuestros paracaídas, y al empezar a caminar, notamos varios objetos amarillos pequeños que parecían tener pequeñas alas metálicas. Por suerte, los evitamos y más tarde supimos que eran bombas antipersonales lanzadas por un avión alemán la noche anterior. Afortunadamente, no había ninguna en la pista. Aparte de eso, fue sencillo llegar a nuestro objetivo, y despegamos, regresando a la pista de aterrizaje en Sétif ese mismo día, como dicen en la Fuerza Aérea: "Misión cumplida".

Un dato interesante que me viene a la mente un poco tarde es que el convoy que nos trajo desde el Reino Unido también incluía dos buques gemelos del "Stratheden". Eran el "Strathmore" y el "Strathavon". En su viaje de regreso al Reino Unido, cuando, por supuesto, los submarinos alemanes ya se habían percatado de lo que ocurría en este nuevo teatro de guerra, dos de esos tres barcos gemelos fueron torpedeados y hundidos. ¡C'est la Guerre!

Capítulo 16
Campaña Llamada "Torch"

Algunos podrían decir que había estado de vacaciones desde que salí de Portreath. Lo llames como quieras, pero ciertamente ya estaba de nuevo en la guerra, y empezó por conocer a todos los pilotos del escuadrón. El escuadrón estaba formado por aviadores de distintos escuadrones de Spitfire del Reino Unido. Los aviones eran aun Mark V sin cambios, salvo que la toma de aire del carburador central se había desplazado hacia adelante, hasta la nariz del avión, muy cerca de la hélice, y se había equipado con un filtro más fino. Esto era para combatir el polvo arenoso y el calor.

Recuerdo lugares en Argelia y Túnez que mencionarán las historias: Philippeville (hoy llamado Skikda), Annaba (antes Bône), Sétif, Constantina, Djelfa, Medjez El Bab, Jendouba (o Souk El Arba), Le Kef, Bizerte, Túnez y Sfax, entre otros.

Desde Bône y hacia el este, operábamos desde pistas improvisadas en lugar de aeródromos de hierba o asfalto. Así sería el sistema desde entonces. A medida que el Ejército avanzaba, los ingenieros seleccionaban una ubicación, nivelaban el terreno y colocaban una pista metálica. Un tipo, aparentemente británico, consistía en una malla metálica resistente, reforzada cada pie con barras de acero. El tipo americano, llamado "Sommerfield Track", era de planchas de acero sólidas pero perforadas, que encajaban entre sí. Ambas pistas tenían unos 3,5 m de ancho. Funcionaban muy bien, aunque había que vigilar los charcos tras las lluvias nocturnas. Durante el despegue, si uno pasaba por encima de ellos, la aeronave se ralentizaba y la nariz descendía brevemente; la vigilancia era clave. Pero el sistema funcionaba, y se podían montar rápidamente pistas, luego el Ejército seguía su avance. Ahí también se dejaban provisiones de combustible y munición.

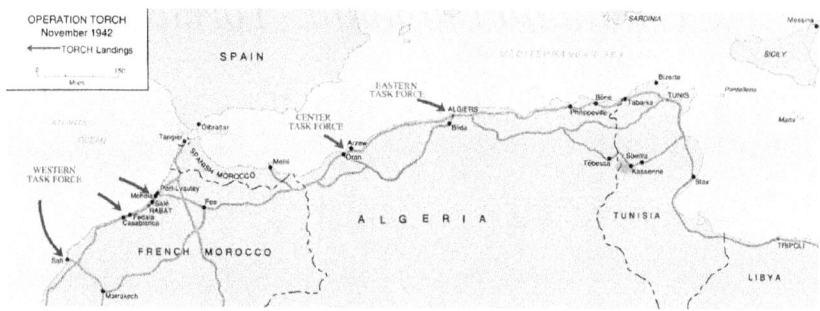

Desembarcos de la Operación Torch

Regresamos a Sétif solo para descubrir que el escuadrón se había trasladado. Fue increíble y algo desconcertante. Pensábamos que habíamos hecho un buen trabajo y que merecíamos un descanso. Y, a fin de cuentas, éramos nuestros propios superiores aquel día, así que decidimos explorar Sétif. Paseamos por la calle principal, como turistas, y observamos el lugar. Menciono esto porque la visita nos enseñó algo de la vida que aún no habíamos experimentado.

El cartel decía "Café-Bar", así que entramos. En algún momento habíamos cobrado salario con nuestros cartones de pago. Era algo nuevo. Nuestro dinero era británico: billetes de una libra, diez chelines y uno. Para los argelinos nos parecían tan exóticos como cualquier novedad. No obstante, no tuvimos problema al usarlos y pedimos dos cafés. El edificio de dos plantas tenía un bar en la planta baja y varias mesas, y en tres lados había un balcón interior con una docena de habitaciones. Bajaba en cada esquina una escalera desde ese balcón. En la fila, había soldados del Ejército esperando abajo. Cada cierto rato, una joven (y en ocasiones no tan joven) salía de una de las habitaciones, se llevaba a un soldado escaleras abajo, lo despedía y tomaba de la mano al siguiente de la fila. Observamos con gran interés: habíamos encontrado un burdel.

Decir que éramos ingenuos sería, por supuesto, cierto. Habíamos recibido una cierta formación en el arte de volar un avión y usarlo como arma de guerra, pero no mucha educación sobre el mundo exterior, especialmente sobre la vida en su forma más cruda. Dos cosas me vinieron a la mente. Primero, las charlas en Babbacombe sobre enfermedades venéreas, y segundo, la advertencia final de mi madre sobre mantenerme alejado de chicas con faldas de hierba. Así que esto, en cierta forma, era de lo que hablaban. Pedimos otro café, y se nos acercó la "madame", quien, como todos allí, hablaba francés. La esencia de la conversación fue una invitación a conocer a una o dos de las jóvenes. Algunas eran francesas argelinas, y otras, árabes. Sin embargo, puedo decir con total sinceridad que declinamos su oferta. Con el tiempo, uno debe recordar que muchos de los muchachos que aprovechaban los placeres disponibles no sabían cuánto tiempo les quedaba de vida, así que estaban dispuestos a todo. Regresamos a la pista hablando de nuestra aventura.

El escuadrón se había trasladado a una ciudad portuaria en la costa llamada Bône, así que nos dirigimos allí, confiando en que al fin podríamos quedarnos con el escuadrón y retomar nuestras funciones.

Nos presentamos ante el jefe de escuadrón, quien nos felicitó y examinó los dos Spitfires. Me informó que el avión que había entregado era, a partir de entonces, su aparato, y me mostró el que sería el mío. Refunfuñé un poco, ya que el nuevo avión que me asignaban solo había volado de Gibraltar a Argel y de allí a Bône. Era prácticamente nuevo. El que me entregaba ya mostraba signos de desgaste, pero él era Líder de Escuadrón y yo un simple Sargento de Vuelo. Así que no había discusión.

Las fuerzas aliadas habían avanzado rápidamente hacia el este, aunque los alemanes ya ofrecían cierta resistencia, la cual aumentaba cada día. El escuadrón, que comenzó con dieciséis pilotos y aviones, ya había sido reducido a unos nueve o diez, así que no había sido nada fácil. Era evidente que a medida que nosotros avanzábamos desde el oeste y las fuerzas del desierto lo hacían desde el este, las tropas enemigas se veían comprimidas en un área cada vez menor, y no estaban dispuestas a rendirse con facilidad.

Habíamos regresado plenamente a la guerra. El aeródromo en Bône estaba bastante cerca de la ciudad y del puerto, por lo que comenzamos a sufrir bombardeos nocturnos además de nuestras ofensivas diurnas. A menudo escaseaba el personal de tierra, por lo que aprendimos rápidamente a repostar y rearmar nuestros propios aviones. El combustible llegaba desde el Reino Unido en bidones relativamente frágiles que, si mal no recuerdo, contenían unos cinco galones. No sé por qué, pero muchos de estos bidones contenían pequeñas cantidades de agua. Algunos decían que era sabotaje, quizás lo era, pero yo lo dudaba. Como muchos saben, una mínima cantidad de agua en el carburador o en otra parte del sistema de combustible puede detener un motor o al menos hacerlo funcionar de manera errática, lo cual, en un avión monomotor, es catastrófico. Una orden urgente al Reino Unido resolvió el problema: enviaron gamuzas y embudos grandes a los escuadrones. Cada vez que cargábamos combustible, lo hacíamos vertiéndolo a través de una gamuza metida en un embudo. Problema resuelto. Finalmente, los suministros llegaron sin contaminar y se abandonó el filtrado.

Las operaciones aéreas eran las mismas de siempre, solo que más frecuentes. Estábamos muy ocupados con barridos ofensivos sobre territorio enemigo, combates aéreos, reconocimientos para el ejército, ataques aire-tierra, etc. Así que, para evitar aburrir al lector, me limitaré a relatar eventos fuera de lo común, que espero resulten interesantes. Como pilotos suboficiales, nos alojábamos en tiendas de campaña tipo "bell-tent", unas seis personas por tienda. Había una tienda de cocina, pero no recuerdo un comedor como tal, así que probablemente recogíamos nuestra comida y la comíamos en nuestra tienda. La comida era, por decir lo menos, monótona y consistía principalmente en raciones tipo "K" —también conocidas como raciones "Compo"— con mucho corned beef y galletas duras.

Dicho esto, nuestro cocinero del escuadrón era algo así como un mago en la cocina. Era un hombre afeminado que, según los rumores, había sido ayudante de chef en el Hotel Savoy de Londres. Recuerdo bien su nombre. Era excelente una vez que se acostumbró a sus insumos monótonos, y escuché que su reputación llegó lejos, al punto de que terminó como asistente-cocinero del Mariscal de Campo Montgomery. No sé si eso fue cierto, pero ¡ciertamente era muy bueno! Los árabes venían a vendernos huevos, lo cual mejoraba mucho nuestra dieta. Pare-

Haz Que Valga

cían completamente ajenos a la guerra que los rodeaba y eran muy amigables. Sin embargo, nuestras provisiones estaban bien custodiadas, día y noche. También había cierto grado de confraternización con los franceses locales en Bône, y esto me lleva a hablar un poco sobre dos personalidades del escuadrón. Ambos eran completamente distintos en todo, excepto en una cosa.

Primero, teníamos a nuestro Sargento de Códigos, que, por supuesto, no era piloto y era verdaderamente sucio y desaliñado. El otro era un Sargento Piloto. Sin embargo, lo que tenían en común era una peculiaridad de carácter que rara vez he encontrado. Tenían un efecto mágico sobre el sexo opuesto. Las mujeres quedaban absolutamente fascinadas y desarmadas ante ellos, incluso desde el primer contacto visual. No tenía nada que ver con el atractivo físico, la vestimenta elegante ni nada por el estilo. Era, de verdad, una rareza de la naturaleza, y totalmente increíble.

El Sargento de Códigos, como ya dije, era un individuo sucio y repugnante que parecía nunca lavarse y comía como un cerdo. Me dijeron que, antes de la guerra, había sido uno de los editores de una revista llamada "The English Digest". Sin embargo, como Suboficial Piloto Superior, tuve que advertirle que, a menos que mejorara sus hábitos, no me quedaría otra opción que pedirle que abandonara el comedor y se las arreglara por su cuenta. En mi ignorancia, pensé que eso lo asustaría lo suficiente para cambiar, pero no fue así. Aunque siempre cumplía con sus tareas de cifrado, a menudo se iba al pueblo en busca de alojamiento y comida. Los encontraba sin dificultad y era alimentado y hospedado por las mujeres del burdel local. Me sorprendió, pero sus poderes místicos actuaban, satisfaciendo sus necesidades.

El Sargento Piloto era un buen tipo que, cuando estaba en el Reino Unido, tenía a nueve chicas embarazadas detrás de él. Así que solicitó con urgencia un traslado al extranjero, y las autoridades, comprensivas con su situación, lo enviaron con nosotros. De nuevo, sus hazañas en el pueblo eran increíbles, y lo más sorprendente es que le creía. "Si quieres pruebas de lo que te digo," decía, "entonces ven conmigo." Rechacé la oferta. Estos dos sujetos poseían una cualidad (si así puede llamarse) que gran parte de la población masculina probablemente envidiaría.

El desenlace de ambas historias es triste: el jefe de escuadrón logró que trasladaran al encargado de códigos a algún lugar, y no se lo volvió a ver. El piloto fue abatido y murió durante nuestra estancia en Bône.

Un día regresaba de una operación en solitario y volaba hacia Bône por la costa cuando vi una embarcación que parecía desplazarse a gran velocidad hacia el puerto. Descendí para investigar y la reconocí como una lancha torpedera motorizada alemana. Estas eran embarcaciones de alta velocidad, conocidas como E-boats. Su equivalente británico era muy similar, portando dos torpedos, cañones y ametralladoras, y con una tripulación de cuatro hombres. Propulsadas por dos enormes motores diésel, alcanzaban velocidades de más de 30 millas por hora. Una inspección más cercana me recibió con una andanada de fuego enemigo, y como de costumbre, todas las balas trazadoras parecían dirigirse directamente a mí. Me alejé y decidí mi método de ataque. Esperé lo que me parecieron horas hasta estar seguro de estar bien dentro del alcance y abrí fuego con los seis cañones. Tras una ráfaga prolongada, me retiré y observé la escena. El E-boat seguía disparando hasta que estuve fuera de su alcance. Volví a atacarlo y repetí la acción. Una vez más observé desde una distancia segura y lancé otro ataque. El E-boat quedó en silencio, sin fuego de respuesta, y estaba inmóvil. Éxito. Informé su posición por si Control de Operaciones quería enviar una patrulla naval para remolcarlo. Me acreditaron una "BAJA CONFIRMADA" – un E-boat. Presumiblemente, toda la tripulación había muerto, pero lo desconozco.

Más adelante esa misma semana, estaba en estado de alerta y, con mi número dos, fuimos enviados al aire. Un avión había sido detectado por radar acercándose a Bône y a su puerto, volando a más de diez mil pies de altitud. Lo avisté a cierta distancia y, mientras ascendíamos, el avión se lanzó en picado muy pronunciado alineándose con el puerto. No teníamos ninguna posibilidad de alcanzarlo, y soltó una bomba. Era un caza bombardero italiano. Completó su picado y escapó. Estábamos muy fuera de nuestro alcance de tiro. Más tarde escuché que su bomba impactó directamente en el "Ajax", una nave naval británica que después sería bien conocida por su papel en la Batalla del Río de la Plata, junto con el "Achilles" y el "Exeter". Este episodio se mencionará más adelante en el libro y tiene relación con alguien a quien conocí unos veinte años después.

Unidades del Primer Ejército estadounidense pasaron de camino al frente. Ver que todos llevaban una medalla era algo extraño y un poco patético. Al preguntar, nos dijeron que era la Medalla de la Campaña de Argelia y Túnez – y ni siquiera habían llegado a la zona de combate en ese momento. De hecho, parecía que se les había entregado la medalla durante la travesía del Atlántico. Qué parecidos y, sin embargo, qué diferentes son los estadounidenses comparados con los británicos. Según entendí, sus raciones incluían artículos como pollo enlatado, otras delicias tentadoras, ¡e incluso helado de vez en cuando!

¿Envidia? Es posible que haya un poco rondando por ahí.

Capítulo 17

La Temporada Navideña de 1942

Estábamos ya bien entrados en diciembre; esta sería mi tercera Navidad en la RAF. No puedo recordar nada acerca de la Navidad de 1940 ni la de 1941. Simplemente llegaron y se fueron sin que nadie las notara. Esta, sin embargo, sería diferente, como leerás más adelante en este capítulo.

La vida en tienda de campaña, por supuesto, continuaba, y un aspecto de ella me preocupaba ocasionalmente. Me parecía que éramos muy vulnerables cada noche, ya que una tienda, por robusta que fuera, ofrecía poca protección contra los objetos que los asaltantes nocturnos alemanes nos lanzaban. Teníamos cañones antiaéreos en las cercanías, pero nunca supe de ningún avión derribado.

Así que ideé un plan para tratar de asegurarme noches más tranquilas. Había notado un edificio blanco en la costa cerca de Bône. Había sido un hotel en tiempos más pacíficos y se parecía notablemente al que aparece en la postal titulada "The Casino, Du Djelli".

Una postal de los años 30 de Le Casino.

Cada vez que sobrevolaba el edificio, parecía estar vacío. Así que sugerí a mi amigo que nos instaláramos

Haz Que Valga

allí por un tiempo. No recuerdo exactamente cómo llegábamos cada noche, pero lo hacíamos. Elegimos una habitación, aunque no había ningún tipo de mobiliario. Dormíamos en el suelo, y salvo por las pocas ocasiones en que algún avión alemán, de regreso a su base, disparaba ráfagas de ametralladora al lugar, simplemente por hacer algo, pasábamos noches muy tranquilas. Después de un tiempo, se nos ordenó volver con los compañeros a las tiendas, lo cual hicimos. No obstante, sugerí al jefe de escuadrón que no sería mala idea trasladar a todos los pilotos al "Casino". La idea no fue adoptada, así que regresamos a la vida en tiendas.

Con la Navidad acercándose, todos estábamos algo hastiados, y ese sentimiento se manifestaba de diferentes maneras. Una noche, después de que cesaron las operaciones aéreas, estábamos sentados o recostados en nuestros espacios dentro de la tienda. Como era costumbre, hablábamos de las operaciones del día, jugábamos a las cartas, etc., como todas las noches. Pero esa noche fue diferente.

Había oído vagamente hablar de la ruleta rusa, pero supongo que no sabía exactamente en qué consistía. Estaba a punto de averiguarlo. Un piloto del área de Londres decidió que ya había tenido suficiente y quiso tentar al destino. Todos los pilotos llevábamos un revólver Smith & Wesson calibre .38 con seis proyectiles. Abrió la recámara y vació todas las balas, proclamando al mismo tiempo lo que estaba a punto de hacer.

Inmediatamente se escucharon gritos para disuadirlo. No se dejó convencer. Cargó una sola bala, cerró la recámara y la hizo girar. En un instante, se puso el cañón contra la sien y apretó el gatillo. Todos quedamos atónitos, observándolo con incredulidad. El gatillo hizo clic, pero el arma no se disparó. Él sonrió y miró a su alrededor. Volvió a girar la recámara e hizo lo mismo otra vez. No ocurrió nada, así que recargó completamente el revólver y lo guardó en su funda. El silencio aún reinaba cuando se puso de pie y dijo: "¡Sobreviviré a esta guerra!" Estaba equivocado. Aunque este episodio ha sido largo de contar, en realidad ocurrió muy rápidamente, y aunque parezca extraño, nadie intentó detenerlo seriamente, salvo con algunas frases como "¡No seas idiota!". Era un tipo poco apreciado, de ahí la falta de intervención. Sobrevivió hasta el Año Nuevo, cuando, como se dice, "la compró".

Por esa época, tenía un excelente número dos. Era muy nuevo en esto, pero tenía entusiasmo por aprender y volar bien los Spitfires. En una ocasión comentó que nunca había intentado un giro de barrena. Le dije: "Por el amor de Dios, ¡no lo intentes!" Un giro de barrena era la misma maniobra que un giro lento o de victoria, pero, como su nombre indica, era un giro violento, y el avión simplemente se sacudía en un giro muy rápido. Una vez que un Spitfire comenzaba a dar vueltas violentamente, era altamente improbable que cualquier piloto pudiera recuperar la estabilidad. Como la "entrada en barrena plana" que mencioné antes, no tenía solución.

De regreso de una operación un día, él estaba entusiasmado, por así decirlo, y decidió intentarlo. Es triste contar que simplemente siguió girando hasta que él y su avión se desintegraron al impactar contra el suelo. Qué pena y qué desperdicio.

Llamé al capítulo "La temporada navideña" y esta ya se acercaba rápidamente. Había escuchado historias sobre los soldados en la Primera Guerra Mundial —la masacre de 1914 a 1918— y cómo, en Nochebuena o en el día de Navidad, el bombardeo y el combate cuerpo a cuerpo cesaban por un periodo, y los bandos opuestos, descansando en sus trincheras, oían los acordes de "Noche de Paz" y otros villancicos. Todo era paz... hasta el día siguiente, cuando todo el infierno se desataba de nuevo.

A medida que se acercaba la Navidad, me preguntaba si nos sucedería algo similar. Ciertamente, no de la misma forma, ya que estábamos algo lejos de la línea del frente del Ejército. Pero sí pensaba que quizá las operaciones aéreas cesarían por un par de días. ¡Pero nada de eso!

Me estaba sintiendo cada vez más cansado de todo, y el día antes de Nochebuena, me encontré envuelto, una vez más, en combate. Aunque esas dos últimas palabras, "una vez más", son algo estúpidas, ya que justamente para eso estábamos allí: una batalla aérea en la región de Mejez El Bab. Me enfrenté a un ME-109 y logré ponerlo en la mira. Al disparar, se desprendió un gran pedazo de su ala izquierda; para mí, estaba perdido. Sin embargo, como ni yo ni nadie más lo vio saltar en paracaídas, me concedieron un "PROBABLE" y no un "CONFIRMADO". No cabe duda de que acertar al objetivo da una cierta satisfacción, pero esa misma noche ya se había desvanecido y todo volvía a la rutina.

Llegada la víspera de Navidad, no habría tregua alguna, y teníamos órdenes para el día de Navidad. La guerra era la guerra, supongo. Me sentía agotado y necesitaba un respiro, pero como ya habíamos perdido a

Haz Que Valga

varios pilotos de escuadrón, no había descanso. Decidí, entonces, que debía hacer algo al respecto para intentar aliviar la tensión.

Por primera vez en mi vida, conseguí una botella de vino. Viéndolo en retrospectiva, supongo que era una botella de vino barato argelino, pero aun así, me la bebí entera. Me hizo sentir un poco mejor, y me maldije por no haber hecho lo mismo muchas veces antes. La mañana siguiente llegó demasiado pronto, y salí del saco de dormir. No hace falta que te diga cómo me sentía. Mi estómago y cerebro seguían paralizados, y aunque logré vestirme, no salí de la tienda, sino que me senté cerca de la estufa de parafina, sintiéndome morir.

Uno de los pilotos regresó y dijo: "El jefe quiere que despegues en cinco minutos." "Dile que estoy enfermo," respondí. Él mismo vino y reconoció los síntomas. Me ordenó despegar. Me negué. "Si no vuelas," dijo, "te haré un consejo de guerra." Le contesté que no estaba en condiciones de volar. "Entonces, consejo de guerra," replicó.

Ese tipo de desobediencia en el "campo" podía significar ser fusilado en el acto. Me sentía tan enfermo que ni siquiera esa posibilidad me preocupaba. El jefe me dejó en paz todo ese día, y cuando me presenté al día siguiente, creo que ambos nos sentimos aliviados. No volví a saber del asunto. Unas cuantas copas para aliviar las tensiones de los meses venideros tal vez hubieran sido beneficiosas, pero nunca más corrí el riesgo. Tonto, lo sé, pero así fue.

El Cuerpo de Pioneros o el Real Cuerpo de Ingenieros Eléctricos y Mecánicos (o quien fuera que tuviera las excavadoras) había preparado tres pistas de aterrizaje a lo largo de una distancia de aproximadamente medio a tres cuartos de milla, en un valle relativamente plano al este de Mejez El Bab, y poco después del Año Nuevo nos trasladamos allí. Fue, sin duda, una buena idea tener tres pistas separadas, y se las llamó "Piccadilly", "Victoria" y "Leicester Square". Así que, al menos, tres escuadrones de Spitfires operaban ahora desde la misma zona. No recuerdo el nombre del Comandante de Ala.

Poco después del traslado, ocurrieron dos cosas. Mi viejo amigo del puerto de Gourock y de los días del "SS Stratheden" fue destinado a otro lugar. Honestamente, no sé cómo ocurrió, pero acabó en un escuadrón en algún lugar de Birmania. ¡Cosas extrañas! La otra fue que me trasladaron, unos cientos de metros apenas, al Escuadrón Nº 232, que había sufrido fuertes bajas.

La línea del frente era, cuando menos, bastante fluida, pero en general los ejercitos ganaban terreno de forma constante. Quizá sea oportuno mencionar "La línea de bombardeo". Cada escuadrón contaba con un mapa de la región, custodiado por el comandante. Él clavaba chinchetas en ubicaciones específicas y un cordel unía esas chinchetas. Ajustaba las posiciones según la información diaria sobre el avance del frente. A esta figura se la llamaba "La línea de bombardeo", y todos los objetivos al este de ella eran objetivos válidos. Nuestras operaciones no se limitaban a grandes altitudes: realizábamos muchos ataques a objetivos terrestres, especialmente por petición del Ejército. Recuerdo que me encargaron atacar un puesto de artillería alemán que nos estaba causando muchos problemas. Lo localicé y descendí para atacarlo. Cuatro soldados alemanes operaban la pieza y, tras dos o tres ataques, los vi todos encorvados sobre los sacos de arena o tirados en el suelo. ¿De quiénes serían aquellos hijos? me pregunté.

Pero mi objetivo más desagradable fue un campo con caballos. A medida que los alemanes se quedaban sin combustible, empezaron a usar caballerías, que habían sido detectadas. Volaba de un lado a otro y liquidaba o hería a tantos como podía. Este sistema de cooperación cercana con el Ejército se fue utilizando cada vez más conforme continuaba la guerra. Un piloto subía a la línea del frente, transmitía desde tierra y marcaba objetivos para algunos aviones que sobrevolaban allí. A esto lo llamaban "Taxi Rank", y fue muy efectivo.

El nuevo escuadrón era, por supuesto, muy parecido al anterior, pero tenía otro problema: la vida parecía estar llena de problemas últimamente. Durante varias semanas me había estado molestando un dolor de muelas, y estaba empeorando —mucho más de lo normal.

Hablé con mi nuevo comandante, quien fue bastante comprensivo. "He oído que ha llegado un dentista a Sétif, o está a punto de llegar. Llévate tu avión y pídele cita". Así lo hice, aterrizando en la pista de Sétif. Encontré al dentista en una casa que el Ejército había requisado, en una encrucijada justo a las afueras del pueblo. Entré. Me miró sorprendido y dijo que acababa de llegar. En la habitación había solo una mesa y una silla. Le expliqué el problema: un dolor de muelas incesante. Lo examinó y pronunció su diagnóstico. "Hay que sacarla," dijo, "pero lo único que tengo son unas pinzas. Todo mi equipo está en camino, no sé cuándo llegará." "¿Me la sacas tú?" pregunté. "Si estás realmente desesperado," respondió. Medité un momento y sabía que era ahora o nunca; el comandante no me permitiría volver continuamente. "De acuerdo", dije, "sácala, pero ignora mis gritos." "Solo sentirás una presión fuerte en la mandíbula, luego un segundo de dolor agudo, y ya estará", dijo. Me senté, sudando de miedo. Fue exactamente como lo dijo.

Creo que todo duró apenas cinco segundos. No se lo pensó ni se detuvo, lo cual agradecí. Revisó el hueco en la encía. "Está bien," dijo, "toma estas aspirinas y úsalas como necesites." Le di las gracias y salí sintiéndome muy ligero. Me alegré de que hubiera terminado y esperé que no volviese a suceder.

La temporada festiva ya había pasado: estábamos ya en febrero.

Capítulo 18

La Campaña Continúa

Febrero trajo una grata sorpresa: tres o cuatro días de permiso. Agradecí enormemente poder alejarme del escuadrón y tomarme un respiro. Recuerdo que, de alguna forma, llegué a Constantina, donde un edificio había sido requisado y convertido en una especie de centro de descanso. Me lo tomé con mucha calma y pasé bastante tiempo recorriendo las calles y los pasadizos estrechos entre las casas. Era curioso ver a los hombres árabes sentados en cuclillas frente a sus hogares, completamente cubiertos por sus largas túnicas blancas. Te observaban fijamente, lo cual era comprensible, y a veces uno sentía cierta inquietud. Por eso confiaba mucho en el famoso "Goolie Chit", que todos llevábamos siempre encima.

Déjame explicarte: ese era el nombre coloquial de una tarjeta con un mensaje impreso en varios idiomas, incluidos algunos dialectos árabes. El mensaje prometía una generosa recompensa a quien devolviera sano y salvo al portador a las fuerzas aliadas. Se decía que ciertas tribus árabes tenían la costumbre de cortar los testículos a los forasteros, de ahí lo de "salvar las joyas de la familia".

Una mañana, mientras caminaba, se me acercaron dos niños entusiasmados: un niño de unos seis años y su hermana de unos nueve. Hablaban francés, y por sus gestos y tono entendí que sus padres me invitaban a almorzar a su casa. ¡Aquello sí que era algo distinto!

Haz Que Valga

Llegamos a un bloque de apartamentos y subimos al primer piso. Los niños estaban emocionados, como si hubieran atrapado un gran pez, y me llevaron hasta un amplio comedor. El padre y la madre me recibieron con mucha cortesía y me ofrecieron una copa de vino. La acepté, aunque me duró toda la comida. Se unieron a nosotros una pareja joven y un bebé. El almuerzo comenzó con una sopa deliciosa, seguida de un plato de carne con ensalada. Me sentí muy cómodo y decidí que no era adecuado seguir con la pistola al cinto mientras comía, así que me quité el cinturón y colgué el revólver en un gancho de la pared. ¿Imprudente? Quizás, pero todo salió bien. Logramos conversar un poco, y fue una experiencia agradable.

Lo que más me sorprendió fue que, en medio de la comida, el bebé comenzó a llorar y, sin inmutarse, la madre desabrochó el vestido y lo amamantó ahí mismo, con total naturalidad. Y claro, así debe ser. Supongo que es el recato británico lo que nos hace ver esas cosas como algo fuera de lo común.

Agradecí muchísimo haber tenido una buena base de francés en el colegio, aunque aún así tenía que pedirles constantemente que hablaran más despacio. Al marcharme, me insistieron en que regresara, pero, como era de esperar, nunca volví a poner un pie en Constantina.

Al reincorporarme al escuadrón, me sentía algo renovado, pero pronto volví al mismo ritmo de siempre. Curiosamente, tuvimos varias noches de fuertes lluvias, lo cual era bienvenido porque el agua escaseaba a veces. Así pasó febrero, y entramos en marzo con una gran sorpresa.

El comandante me llamó aparte y me dijo: "Felicidades, Flying Officer, te han concedido la comisión." Me quedé sin palabras. "¿Puedes repetir eso?", le pregunté. "Ya tienes tu comisión", dijo. "Y como es retroactiva al 1 de agosto de 1942, ahora eres Flying Officer." La norma era que si uno sobrevivía seis meses como Pilot Officer, ascendía automáticamente un rango. No lo podía creer. Aquella entrevista para la comisión en julio de 1942 ya la había dado por perdida. Siempre pensé que me habían rechazado por no haber respondido un par de preguntas que me parecieron absurdas. Pero no, al parecer, la había superado con éxito. Una pena que me enviaran de misión antes de que llegaran las noticias. ¡Ya habían pasado siete meses desde que me la otorgaron! Menos mal que aún estaba vivo para enterarme.

Con una hoja de afeitar, me quité las insignias de sargento, desenganché la pequeña corona de latón y conseguí un par de galones de oficial. Eso era todo lo que necesitaba por el momento. El primer beneficio fue mudarme a una tienda de campaña de dos personas con una cama decente. Aunque estábamos en el norte de África y cerca de la costa, no estábamos tan lejos del desierto, y las noches eran realmente frías. Como es habitual en mí, logré juntar trece mantas: ocho debajo y cinco encima (o quizás al revés). El caso es que dormía como un lirón. Tanto así que una mañana, al destaparme, descubrí que había dormido toda la noche con un escorpión entre las piernas. Afortunadamente, era pacífico y también había pasado una noche cómoda. Para evitar que el agua que se filtraba durante las tormentas me empapara, coloqué unos cuernos de carnero en las patas de la cama para mantenerme en alto. Funcionó.

Todavía no salía de mi asombro por la comisión. Ya la daba por perdida, así que fue una grata sorpresa. Y, en cierto modo, había algo de orgullo en haber ascendido "desde abajo", como se suele decir. Tal vez suene simple o ingenuo, pero así lo sentía.

En realidad, entre oficiales y suboficiales pilotos no había mucha diferencia. La RAF, a diferencia de otros cuerpos militares, fue probablemente la primera en unificar los comedores de oficiales y suboficiales en lo que se llamó "Aircrew Mess", al menos hacia el final de la guerra. Una medida bastante sensata, en mi opinión.

No veíamos mucho al Ejército, salvo desde el aire cuando operábamos cerca. El Spitfire era una máquina excepcional, versátil y eficaz, aunque en aquel momento no existía un avión específico para ataques aire-tierra. El Typhoon estaba empezando a entrar en servicio, pero no en nuestro frente.

Por esa época, los estadounidenses llegaron con sus bombarderos medianos, como el Boston y el Marauder, estacionados cerca de Argel. Desgraciadamente para nosotros, parece que sus mapas del frente estaban desactualizados, y en dos ocasiones nos tiraron bombas por error en nuestras pistas de aterrizaje. Supongo que eso me pasa por haberme metido con un caza Tomahawk americano allá por 1942... El comandante comentó que si volvían a hacerlo, los derribaríamos. Eso habría desatado una tormenta diplomática, sin duda. ¡Las líneas entre Washington y Londres habrían echado humo!

Haz Que Valga

Vale la pena contar un pequeño negocio que hice con los americanos. Como ya dije, ellos estaban muy bien alimentados y siempre tenían chocolate y cigarrillos de sobra. Pero lo que no tenían era alcohol. Curiosamente, nosotros sí. Creo que la ración oficial era de una botella de whisky al mes, además de latas herméticas con cigarrillos. Lo que uno realmente recibía era otra historia. Pero conseguí acumular cinco botellas de whisky (no pregunten cómo), y con ellas hice un trueque por un Jeep americano. Increíble, ¿verdad? No tenía ni idea de qué haría con él o adónde iría, pero ahí estaba.

Lo usé para dar vueltas por la zona, e incluso lo prestaba a otros siempre que prometieran cuidarlo bien. ¡Era una gozada! Cuando nos trasladamos a un aeródromo entre Túnez y Bizerta, se lo regalé a mi mecánico. Nunca volví a ver el Jeep. Así es la vida: fácil viene, fácil se va.

Volviendo a los asuntos más serios del vuelo: siempre existía la posibilidad de tener que aterrizar forzosamente en territorio enemigo, o incluso en zonas habitadas por tribus beduinas. Además del famoso Goolie chit, todos llevábamos un pequeño "paquete de escape". Este contenía chocolate de alto valor energético, una pequeña brújula, una lima envuelta en goma blanda y mapas impresos en seda. Además de servir para orientarse y volver a las líneas aliadas, se decía que, en caso extremo, estos objetos podían esconderse dentro del cuerpo humano. Nunca supe de nadie que lo hiciera, pero era parte del protocolo.

A todo eso, yo le añadí un extra personal: siempre llevaba un cartón de 200 cigarrillos amarrado a la radio del avión, en un compartimento detrás de la cabina. Y vaya si resultaron útiles... pero eso, como dicen, es otra historia.

Capítulo 19

Las Etapas Finales de "Torch"

La cooperación con el Ejército era buena, efectiva y estaba mejorando. Al menos, esa era mi impresión, pero sin duda no era una opinión aislada. Menciono esto como preámbulo a dos incidentes poco comunes. En una ocasión estuve un día en las líneas del Ejército, pero, como ocurrió, en esa ocasión no hubo comunicación ni dirección para mi sección del escuadrón sobre qué hacer. Esto me permitió probar una pieza de artillería. Supongo que se trataría de un pequeño cañón de campaña que disparaba proyectiles de doce libras. Recibí una breve lección sobre cálculo de distancia y puntería, y disparé un proyectil apuntando a un pequeño edificio a cierta distancia. Me deleité cuando acerté en el blanco. Era diferente a presionar el botón de disparo en la cabina de un avión.

El siguiente equipo que tuve el privilegio de probar fue un lanzallamas. Este llevaba una mochila y se sostenía con las manos. ¡Qué arma! —inmediatamente pensé en el pobre destinatario—. Me alegré de librarme de él. "Cada hombre a su oficio", dije. Supongo que este tipo de cooperación personal con el Ejército contaba como un día libre. Debió de serlo, porque los días libres parecían inexistentes. No es que hubiera lugar a dónde ir, excepto a la propia tienda de campaña.

No recuerdo haber avanzado desde nuestra pista de aterrizaje y continuamos realizando todas nuestras operaciones desde Mejez El Bab.

Haz Que Valga

Un ala de combate alemana estacionada cerca, en Bizerta, nos causaba muchos problemas. Eran Focke-Wulf 190, y estábamos en constantes enfrentamientos. Eso suena bastante alegre, como un partido de rugby o algo así, pero por desgracia, era algo serio.

Durante uno de estos enfrentamientos, se me acreditó un "DERRIBO" confirmado, lo cual elevó un poco mi ego. Supongo que ayudó a la campaña de manera limitada, aunque añadió algo a mi escaso marcador. Me parecía —y probablemente también a otros— que no tenía el instinto natural para este tipo de combate aéreo. Aunque sabía pilotar muy bien un caza, tal vez mis esfuerzos habrían sido más efectivos en otro aspecto del oficio. Tal vez sea oportuno enumerar ahora las reglas de un piloto de caza, aunque debo decir que no conocí estas reglas hasta muchos años después, aunque las aprendí por experiencia, más que por educación formal.

Este documento tenía por título "Diez Reglas para Pilotos de Caza", pero era comúnmente llamado "Los Diez Mandamientos":

- Espera hasta ver "el blanco de sus ojos": dispara ráfagas cortas de uno o dos segundos, solo cuando tengas el blanco perfectamente alineado.
- Mientras dispares, no pienses en otra cosa. Tensa el cuerpo, concéntrate en la mira.
- Mantén siempre la vista bien alerta. "¡Espabila!"
- La altura te da la iniciativa.
- Siempre enfrenta el ataque de cara.
- Decide rápido. Es mejor actuar sin la táctica perfecta que quedarse quieto.
- Nunca vueles en línea recta más de treinta segundos en zona de combate.
- Al atacar en picado, deja parte de tu formación en altura como cobertura.
- Iniciativa, agresividad, disciplina aérea y trabajo en equipo son esenciales.
- Entra rápido, golpea fuerte, sal cuanto antes.

Pienso que la regla número uno probablemente sea un remanente de la guerra de 1914-18, cuando las velocidades de los aviones eran tan bajas que casi se podía saludar al enemigo desde la cabina. Sin embargo, son reglas buenas. Como he dicho, es una pena haberlas aprendido por experiencia en vez de por instrucción. Tuve, ciertamente, la suerte de sobrevivir, aunque lo que me faltaba era un carácter agresivo, y esto es esencial.

Volviendo a la campaña, tengo dos o tres eventos más que relatar. En primer lugar, retomo el asunto del paquete de doscientas cigarrillos sujeto a la radio. Por esta época, estábamos de nuevo envueltos en un combate cuando recibí un impacto bastante fuerte. No sé si fue un proyectil de cañón de un caza alemán o un proyectil antiaéreo desde tierra. Estábamos operando a una altitud mucho más baja que la habitual, así que pudo haber sido cualquiera de los dos, pero lo cierto es que no lo vi venir —y esos son los que te alcanzan. El proyectil ofensivo (o proyectiles) me golpeó justo detrás de la cabina y abrió un gran agujero que atravesó de lado a lado el avión, llevándose mi radio —¡y mis cigarrillos!— al espacio. Aunque el avión aún podía volar, iba algo inestable, así que me retiré del combate y regresé a la base.

Aterricé sano y salvo, agradecido por seguir entero, aunque al mismo tiempo algo disgustado. El avión fue apartado para su reparación cuando fuera posible, y me asignaron otra máquina. No me apenó perder ese Spitfire en particular, ya que me había quejado en más de una ocasión al mecánico de que a unos 20.000 pies el motor tendía a toser y a perder potencia momentáneamente. El mecánico había hecho todo lo posible para revisar el carburador y otros sistemas, pero el fallo ocasional persistía y era inquietante. A veces pensé que el mecánico ya no me creía, pero era cierto. No lamenté ver desaparecer esa máquina.

Todo esto me lleva a contar que por esa época tenía un número dos, un piloto "relativamente nuevo" que era de la zona de Birmingham. Pronto se hizo evidente que este muchacho siempre encontraba excusas de diversos tipos para evitar los peligros obvios de las operaciones — excusas como enfermedad, fallos en su avión, dolores de cabeza, mala vista o cualquier pretexto. En consecuencia, cuando comenzaba la acción, él desaparecía. Después de haber hablado con él en varias ocasiones, le di una advertencia final sobre su comportamiento. Estábamos todos en el mismo barco, y tener a alguien que constantemente se retiraba era, como mínimo, indeseable. Al final, lo informé al CO, y poco

Haz Que Valga

después desapareció. Supe que fue destinado como LMF* y devuelto al Reino Unido. No supe ni me importó qué pasó con él, pero supongo que lo enviaron a Eastchurch, donde mandaban a todos los de su tipo, y probablemente le asignaron otro trabajo. No es algo agradable que ocurra, pero al mismo tiempo, este tipo de cobardía, por la razón que fuera, no podía tolerarse realmente.

La campaña avanzaba día a día, y resultaba bastante evidente que estábamos en el bando ganador, aunque aún lejos de una capitulación. Siempre existía el leve temor de que se produjera una inversión de la situación. A finales de abril o principios de mayo de 1943, ocurrió algo increíble. Increíble porque nunca había oído de tal cosa antes, ni tampoco desde entonces. No quiero decir que nunca le haya pasado a nadie más; solo digo que nunca lo he oído mencionar.

Al oeste de Túnez, a nuestra altitud operativa normal de unos 20.000 pies, estábamos inmersos en una batalla, y en un momento dado realmente me vi en problemas. Para evitar que me volaran del cielo, empujé completamente hacia adelante el paso de la hélice, junto con el acelerador, que empujé "más allá del tope". Esto proporcionó la máxima potencia posible, y cumplió su propósito. Según el manual, este uso de potencia máxima tenía un límite, de lo contrario, el motor "explotaría". Esto duró apenas unos minutos, y yo era plenamente consciente de ello. Al mismo tiempo, usar esta potencia absoluta significaba que el combustible se consumía a un ritmo alarmante. Era como abrir el grifo de la bañera. Ya te imaginas el resultado. Sí, me quedé sin combustible. Puedes imaginar la inquietud que siguió, por decirlo suavemente.

Salí del combate y decidí rápidamente mi plan de acción. Podía saltar en paracaídas, pero el resultado sería aterrizar en territorio enemigo. No, pensé, elegiré la tasa de descenso óptima y volaré hacia el oeste cruzando la cadena montañosa, a ver qué pasa. Pasó muy bien, de hecho, y continué tranquilamente hacia la base, esperando que aún tuviera suficiente altitud para alcanzarla.

Hay reglas estrictas sobre aterrizajes de emergencia: siempre deben realizarse con el tren de aterrizaje recogido, es decir, aterrizando y desli-

---

* LMF significa *Falta de Fibra Moral*. Era un término utilizado por la RAF para describir al personal aéreo que se negaba a participar en operaciones, a menudo debido a traumas psicológicos, miedo o colapsos mentales bajo la presión extrema del combate aéreo.

zándose sobre el vientre del avión, y no sobre la pista (o pista de aterrizaje) sino al costado. Podía, por supuesto, si alcanzaba la zona cercana a la pista, desviar el avión y saltar. Consideré todas estas opciones y, dado el éxito hasta ese momento, decidí intentar lo definitivo. Seleccioné "tren abajo" aunque no tenía motor y, por lo tanto, sin potencia hidráulica. Sacudí el avión tan violentamente como pude de lado a lado y esperé oír el "clunk" que indicaba que el tren estaba bloqueado en posición baja. Se encendieron las luces verdes para ambas ruedas. Me sentí bastante eufórico. ¿Y si lograba ajustar bien mi altitud y aproximación al inicio de la pista y lograr aterrizar sin un solo rasguño? Ya no había vuelta atrás, así que realicé mis maniobras en "S" para ubicarme correctamente. Funcionó, y logré un aterrizaje magnífico. Los frenos del Spitfire funcionan con aire y no con hidráulicos. Se detuvo, y salté fuera. Caminaba sobre aire, ¡ni un solo desperfecto! Me dije: "Eso ha sido un maldito buen aterrizaje", y fui a informar al CO.

Le conté lo sucedido. "Ve a buscar tu Libro de Vuelo," me dijo, lo cual hice mientras pensaba en la condecoración que escribiría en tinta verde. Escribió en él y me lo devolvió. Lo abrí y me llevé una tremenda sorpresa. Estaba escrito en tinta roja, no verde. La anotación contenía palabras horribles como desafío a las normas, etc. Me sentí indignado y le dije que el avión estaba ahí afuera, sin un rasguño. Él dijo: "No me importa el Spitfire... podía haber perdido a un piloto." Así que ya ves. Nunca se sabe, ¿verdad? Supongo que uno debería seguir las reglas.

Las cosas no parecían ir muy bien en otros aspectos. Recibí una carta del departamento de Sueldos de Oficiales del Ministerio del Aire, informándome que habían abierto una cuenta bancaria a mi nombre en el Lloyds Bank de Londres, y que habían abonado en ella mi sueldo de oficial con efecto retroactivo al primero de agosto de 1942, monto que debería haber recibido como Sargento de Vuelo. Curiosamente, hay muy poca diferencia entre el sueldo de un Sargento de Vuelo y el de un Piloto Oficial. Esto fue un golpe. Habría sido correcto —y muy diferente— si hubieran dicho que habían deducido el sueldo de Sargento de Vuelo que yo había cobrado. No había realmente razón para sacar mucho dinero, y no lo había hecho. Le expliqué este dilema al CO, quien me dijo que haría lo posible, pero las circunstancias me impidieron seguir el asunto. En consecuencia, perdí lo que para mí era mucho dinero. También perdí una cantidad considerable más adelante, lo cual narraré en el momento

Haz Que Valga

apropiado en las memorias. Económicamente, no me iba muy bien en esta guerra, pero al menos seguía con vida.

Para mediados de mayo, el optimismo respecto al fin de la campaña había aumentado. El Octavo Ejército y sus colegas al este de Túnez, junto con los Ejércitos Aliados en nuestra zona, estaban haciendo un trabajo magnífico, y el fin estaba casi a la vista.

Yo estaba agotado. Había completado el número requerido de horas de vuelo operacional para el tour, y ya estaba bien avanzado en el segundo tour. Consideré, entonces, que me correspondía el descanso prescrito. Decidí que debía hacer algo al respecto. No recuerdo la fecha exacta, pero la noticia era que finalmente habíamos ganado la campaña del norte de África, y que los alemanes y sus aliados italianos habían sido expulsados del continente africano. Era evidente que la siguiente etapa sería la invasión de Europa continental.

Volamos hasta un aeródromo entre Túnez y Bizerta. Quedaba muy pocos de los pilotos originales que habían comenzado la campaña con nosotros. Aterrizamos en nuestra nueva base temporal y realizamos algunas salidas para asegurar que no quedaban focos enemigos activos. En ese momento, supe de un lugar cercano que estaba lleno de vehículos enemigos de todo tipo. Así que partí en misión de reconocimiento. Para acortar la historia, me encontré con un Citroën coupé abandonado entre todo ese equipo militar con las llaves puestas. Me convertí en su propietario.

Se nos dijo que íbamos a tener una especie de descanso, colgando nuestras tiendas en la playa cerca de Cartago. Fue maravilloso, y recorrí extensamente la zona en mi Citroën. Una vez el Equipo de Tierra cargó nuestros aviones, todos fueron enviados a Malta. Así que esa sería nuestra siguiente parada.

Una de las noches, el comandante recibió un mensaje que nos ordenaba volver a nuestros aviones, despegar al amanecer y volar a baja altura hacia Malta. Nos presentamos en pista, me despedí de mi coche y me pregunté qué sería de él. Al amanecer subimos a nuestras naves, realizamos los chequeos habituales y despegamos. Ahí empezaba una nueva fase y, por fin, esperaba un merecido descanso al llegar a Malta.

Antes de marcharnos, el comandante recibió la orden de que debíamos presentarnos arreglados (aunque costaba imaginar cómo) y hacer un desfile para recibir un saludo del primer ministro Winston-

Churchill. Nos preparamos, pasamos un buen rato bajo un sol abrasador, pero él nunca apareció; dispersaron la formación y quedamos bastante contrariado. Aun así, estábamos felices por la victoria... aunque un poco decepcionados.

Tiempo después, Churchill anunció por algún medio:

"Esta victoria no es el principio del fin, sino el final del principio".

No era precisamente una frase alentadora, ¿verdad?

Capítulo 20

Un Cambio Vale Tanto Como un Descanso

Se dice a menudo que "un cambio es tan bueno como un descanso". ¿De verdad lo es? Bueno, ya veremos.

Cruzamos la costa y vi que el comandante había elegido un rumbo casi exactamente hacia el este. Iba a ser otro día precioso. Como este vuelo era a muy baja altitud (para evitar los radares alemanes instalados en Sicilia), era poco probable que encontráramos resistencia. Por una vez, esperaba disfrutar de un vuelo tranquilo.

De pronto, vi un pequeño soplo de humo blanco salir de uno de los tubos de escape. "No puede ser", pensé. Sabía perfectamente lo que significaba ese humo blanco: un fallo mecánico en el motor. Contuve la respiración, esperando otra señal. Pasó un minuto, quizá dos, y entonces, para mi horror, vi otro soplo... y otro más, hasta que se convirtió en un chorro constante. Miré el indicador de temperatura del radiador: estaba subiendo.

Abrí la compuerta del radiador para dejar entrar más aire frío. No sirvió absolutamente de nada. Estaba claro: tenía un problema serio, y para colmo estábamos sobre el mar. Pulsé para transmitir:

—Azul Uno (o el color que tuviera asignado en ese momento) a Líder – Fuga de glicol – Apago motor.

Tenía dos opciones: amerizar en el mar o intentar ganar suficiente altitud para luego saltar en paracaídas. El motor seguía funcionando, y aunque el vuelo era inestable, mantenía la velocidad. Decidí intentar subir. No me hacía ninguna gracia amerizar: un Spitfire se hunde siete segundos después de tocar el agua.

Tiré del mecanismo de eyección de la cúpula y la solté. Luego desenchufé el cable de la radio, me quité el casco y lo arrojé fuera. Ya no estaba en contacto con los demás aviones.

Comencé a subir suavemente, manteniendo el rumbo hacia el este. Logré alcanzar unos seiscientos metros de altitud, en pequeños empujones, hasta que el motor gripó y la hélice se detuvo. Me sabía de memoria los procedimientos de evacuación. Había que voltear el avión y empujar la palanca hacia adelante al salir, para ayudar a que el cuerpo saliera del habitáculo. El bote inflable estaba situado entre el paracaídas y mi trasero. Justo antes de tocar el agua, había que soltar el arnés del paracaídas. Eso accionaba un sistema que destapaba el bote, que supuestamente debía caer cerca de ti. Una pequeña botella de gas comprimido se encargaba de inflarlo.

Empecé la maniobra, y al girar el avión boca abajo, vi dos pequeños promontorios de tierra asomando entre la neblina matinal. Seguí girando, nivelé el avión y me fijé bien. Sí, era tierra, pero ¿dónde y qué era? No teníamos mapas de la zona, y desde luego yo no llevaba ninguno. De todas formas, pensé que era mejor estrellarse cerca de tierra que en mitad del mar.

Me volví a abrochar los arneses y decidí investigar más de cerca. Quizá, con algo de suerte, podría estrellar el avión sobre tierra firme. Era una tercera opción que, hasta unos minutos antes, ni me había planteado. Mientras descendía, el resto del escuadrón también dio un par de vueltas, y al ver lo que estaba intentando, viraron al este y siguieron con la misión.

A medida que bajaba, llegué a una altitud demasiado baja como para saltar en paracaídas, así que ya no había marcha atrás.

Pronto vi que se trataba de una pequeña isla con un par de antiguos volcanes apagados. Busqué desesperadamente una zona plana para aterrizar. La mejor —y, en realidad, la única— era una franja en el lado este de la isla. Me preparé para el aterrizaje. Hice un par de eses para ajustar la altitud y la trayectoria. Ajusté y apreté los arneses una y otra vez. En la aproximación final, cerré el paso de combustible, apagué todos los interruptores y bajé el asiento al máximo. Me acercaba demasiado

Haz Que Valga

rápido, así que tiré del mando de control una o dos veces, pero no pareció surtir efecto. El tiempo se me echaba encima, y como podrás imaginar, no había opción a un segundo intento.

En cuestión de segundos repasé mentalmente todo el procedimiento para un aterrizaje sin tren. Lo había hecho todo como era debido. Justo antes de tocar tierra, miré el indicador de velocidad y me di cuenta de que iba demasiado rápido... pero ya no podía hacer nada.

Se oyó un gran crujido, y trozos de hélice salieron volando. Choqué contra lo que parecía un pequeño muro de piedra. Muchos años después, cuando volví a la isla y vi que allí no había ningún muro, supe que, en realidad, había atravesado una barrera de cactus de poco más de un metro de altura. Aun así, el impacto me lanzó en un giro brutal. Ese movimiento violento arrancó ambas alas, y seguí rodando sin control.

Después de sortear algunos obstáculos más, di un par de volteretas y perdí la parte trasera del fuselaje. Fui consciente de todo lo que estaba ocurriendo, y al final, lo que quedaba del Spitfire se clavó de morro en una loma. Por fin, quedé inmóvil.

No oía nada. No sentía nada. No veía nada.

Literalmente, pensé que estaba muerto.

No sé cuánto tiempo permanecí en esa posición, pero gradualmente los instrumentos fosforescentes comenzaron a hacerse visibles. Me dolía la cabeza, pero pensé: al menos puedo ver. Tiempo después, me di cuenta de que mis hombros soportaban todo el peso de mi cuerpo. Estaba boca abajo. Así que podía ver y sentir, y sin embargo todo estaba oscuro y en silencio. La realización final fue: el avión está boca abajo y me he estrellado.

En la pequeña puerta del lado izquierdo del habitáculo de un Spitfire, hay dos clips que sostienen una barra metálica. La busqué con la mano y comencé a intentar abrir la puerta. Finalmente, lo logré y conseguí abrirme paso hacia el exterior. Me puse de pie y probé mis extremidades: todo parecía funcionar. Observé el lugar. A lo lejos podía ver el mar. "Bien", me dije, "recogeré el bote y mi pequeño equipo" (sin olvidar los doscientos cigarrillos que había repuesto). Retiré la cubierta del bote, tomé mis cosas y me dirigí a la playa. No tenía idea de dónde estaba, pero el escuadrón lo sabría, y yo me haría a la mar hacia Malta. Lo más probable era que soplara una brisa del oeste que me llevaría en esa dirección. Deberían avistarme en el camino.

Entonces me di cuenta de que estaba cubierto de sangre y que algo no iba bien en un párpado. Aun así, avancé. No había ido muy lejos cuando unos soldados armados con fusiles se levantaron detrás de unos cactus. Solté todo lo que llevaba, me quité la correa del revólver del cuello, desabroché el cinturón del arma y lo arrojé al suelo. Los soldados se acercaron y me desmayé, cayendo al suelo.

Desperté algún tiempo después, pero no tengo idea de cuánto había pasado; sin embargo, al despertar me sentía extremadamente incómodo. Estaba siendo sacudido, y cada parte de mi cuerpo dolía intensamente. Iba montado en un burro o una mula, sostenido por un soldado italiano a cada lado. Me sentía absolutamente terrible y no prestaba atención a los hombres que nos rodeaban. Tenía ambas rodillas vendadas y parecían enormes, como de hecho lo eran. Llevaba una venda en la frente y otra sobre el ojo izquierdo. Ciertamente habían aplicado un excelente tratamiento de primeros auxilios.

El trayecto, que supongo fue de menos de una milla, se me hizo eterno. Finalmente, el camino terminó y llegamos a una aldea. Me llevaron a la habitación principal de una casa, donde me acostaron en una cama, me quitaron la camisa, los pantalones cortos, los zapatos y los calcetines, y me pusieron a descansar. Un soldado permaneció en la habitación, sentado en una silla y observándome. Noté que mi ropa y mi pequeño equipo de aseo estaban sobre una mesa, junto con —créelo o no— mis doscientos cigarrillos.

Me quedé dormido y lo agradecí. Si me preguntaras cuánto tiempo había pasado desde la primera bocanada de humo blanco del escape, no podría decirte. Había sido toda una vida en un corto lapso de tiempo. No sé cuántas veces desperté y vi al soldado aún sentado allí, para luego dormirme otra vez. Me dolía todo el cuerpo, pero el descanso era un alivio. No era exactamente el descanso que quería, pero sin duda era un cambio.

Más tarde, desperté y vi a un tipo inclinado sobre mí, ofreciéndome una bebida. Era café, fuerte y dulce, y lo acepté con gusto. Me habló en italiano, que yo no comprendía. Probé con inglés, que él no entendía. Le dije que sabía algo de francés. Lo entendió, y así encontramos un terreno común. Me dijo que era un médico de la Marina Italiana y que ejercía como médico en la isla, y que él mismo me había atendido tras el accidente.

Haz Que Valga

Me retiró las vendas de las rodillas y las examinó. Aunque estaban muy hinchadas, al menos funcionaban y no tenía huesos rotos. Fue un milagro. Me inyectó en el trasero, supongo que para prevenir infecciones. Luego me examinó completamente y repetía "bene, bene" (bien, bien). Después retiró cuidadosamente las vendas de mi cabeza. Examinó el corte en la frente y luego el párpado del ojo izquierdo. Parecía satisfecho y salió de la habitación, regresando inmediatamente con un espejo, que sostuvo para que viera mi rostro. No podía creer lo que veía; era terrible. Ensangrentado, amoratado, y con un párpado colgando en el centro. Era afortunado que el párpado siguiera conectado en ambos extremos. ¿Cómo fue cortado —presumiblemente por astillas— sin dañar el ojo? Es increíble.

El doctor hizo señas y dijo algunas palabras. Entendí que me llevaría a su consultorio para suturar las heridas. Un par de soldados entraron con una camilla y me colocaron sobre ella. Partimos hacia un edificio en la única calle principal. Resultó ser la comisaría. Me pusieron sobre una mesa, y el doctor me inyectó de nuevo. Primero suturó la herida de la frente y luego se ocupó del párpado. Era muy eficiente y cuidadoso, y cuando terminó, examinó su trabajo: una tirita y una venda, y estaba listo. Le di las gracias. Tal vez estaba contento de poder practicar su arte, pero en los días siguientes nos hicimos bastante amigos.

Antes de regresar al dormitorio, el Comandante entró. Era un capitán del ejército italiano a cargo de la isla. Hizo algunas preguntas a través del francés del médico, pero le expliqué que, como prisionero de guerra, solo estaba obligado a dar mi nombre, rango y número, los cuales repetí varias veces. Parecía mucho más nervioso que yo. Comenzaba a adaptarme, y parecía que mi aterrizaje había sido el primer acontecimiento de guerra en la isla. Todos eran muy amables y me trataban más como a un invitado que como a un enemigo.

De vuelta en el dormitorio. Las bebidas y comidas llegaban con regularidad, y empecé a caminar por la habitación tan pronto como pude. Mis pantalones cortos, camisa y calcetines reaparecieron —todos lavados— y mi chaleco salvavidas Mae West había sido limpiado lo mejor posible. ¡Esto sí que era servicio! El médico me visitaba dos o tres veces al día para asegurarse de que todo iba bien y que me estaba recuperando, tanto en salud como en movilidad.

Ya sintiéndome más humano, pasaba tanto tiempo como podía caminando por la habitación bajo la mirada vigilante de mi guardia. Obviamente, los soldados hacían turnos las 24 horas, y todos parecían complacidos, con una comprensible curiosidad por este británico que había caído en su pequeña isla. Tenía mucho tiempo para pensar. Reflexionaba sobre mi situación, lo que podía hacer y mi futuro. Aprendí rápidamente la primera y terrible lección de ser prisionero de guerra. Simplemente, uno no sabía cuál sería el próximo movimiento. Y eso era una preocupación constante. ¿A dónde me llevarían? ¿Me ejecutarían? ¿Qué pasaría? Todos esos pensamientos daban vueltas una y otra vez en mi cabeza, y la conclusión era insoportable: estabas completamente en manos de quienes te custodiaban, y poco podías hacer al respecto. De acuerdo, uno podía montar un escándalo y gritar, pero al final no cambiaría nada. Y, sin embargo, ahí estaba yo. Me habían tratado con la máxima amabilidad y consideración, y no podría haber recibido mejor atención médica.

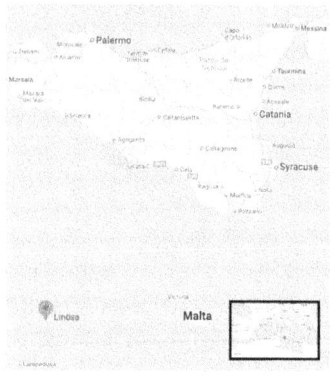

La pequeña mota de tierra que es Linosa

Vista aérea de la isla

La isla de Linosa era la más pequeña de las islas habitadas del grupo Pelágico y se encontraba aproximadamente a mitad de camino entre Túnez y Malta, a unas ochenta millas al sur de Sicilia. Aparte de un par de islotes que eran poco más que rocas volcánicas, Lampedusa era la única otra isla de cierto tamaño. Linosa tenía aproximadamente cinco millas de largo y una milla de ancho en su punto más ancho. ¡Si acaso! Era obvio que estas dos islas (aunque en ese momento yo no sabía nada de Lampedusa) serían tomadas por los Aliados —probablemente los británicos— poco después de la inminente invasión de Sicilia. Habiendo considerado esto, la próxima vez que el médico vino con el Comandante, mencioné el asunto —por supuesto, a través del francés del médico— y sugerí que si me mantenían en la isla por un par de semanas, me aseguraría de que también fueran bien tratados tras su captura. Esto pareció agradar al Capitán, quien se marchó.

El médico habló con el guardia y me sacó afuera para evaluar mi progreso caminando. Estaba muy satisfecho, y yo también. Regresamos al dormitorio, y él retiró el yeso y las vendas para inspeccionar las heridas. Estaba complacido y se despidió diciendo que regresaría al día siguiente para llevarme de visita. ¿Qué tipo de visita?, me pregunté. Pero el Capitán volvió con él, llevando lápiz y papel, y me pidió que escribiera algo diciendo que había sido bien tratado. Así podría entregarlo a las fuerzas invasoras. Acepté, y sin pensarlo mucho, escribí una estrofa de "Mary Had a Little Lamb" ("María tenía un corderito"). El Capitán se fue feliz como unas pascuas.

El doctor y yo salimos a caminar y finalmente llegamos a una cueva en una ladera. Era 1943, y no podía creer lo que veía: ¡algunas familias todavía vivían en cuevas! La ama de casa (o ama de cueva) nos dio la bienvenida, y mientras ella conversaba con el médico, preparó una taza de café para cada uno. Una vez más, hospitalidad de primera clase. La cueva parecía bastante confortable, y me sorprendió. Tras media hora, agradecimos y nos despedimos. Durante este paseo, me sorprendió ver que no llevábamos escolta. Tal vez, después de todo, podría quedarme en la isla hasta que llegaran los británicos. Podía ser mucho peor: era junio, hacía calor y no me faltaba comida.

Poco después de regresar a la pequeña casa donde estaba mi habitación, el Capitán se presentó de nuevo. Habló unas palabras con el médico, quien luego me transmitió el mensaje. Eran esas famosas palabras: "Para usted, la guerra ha terminado", o como se me dijo a mí: "Pour vous, la guerre, c'est fini".

No sé de dónde proviene esa frase, pero era bien conocida. Sonaba muy ominosa y tenía un significado enorme. También tenía un aire de final definitivo. Y sin embargo, la vida no era tan mala. Pero había un horror subyacente. Estaba completamente en su poder, y la incertidumbre del futuro siempre estaba presente.

¡El Capitán estaba furioso! Había encontrado a un soldado en su tropa que podía leer inglés. María y su corderito ya no lo engañaban, y estaba furioso. Pude ver que estaba atónito de que hiciera tal cosa después del buen trato recibido. Sí, supongo que tenía razón, así que escribí una nota diciendo que, desde que fui hecho prisionero en esta isla el 5 de junio de 1943, había sido tratado excepcionalmente bien, y que solicitaba que el Capitán y sus tropas fueran tratados del mismo modo. Se fue, sin duda, a buscar a su soldado lector de inglés. No supe más del asunto. Tras una semana o así, el médico me retiró los puntos y me hizo un examen final. Todo estaba bien, y yo también me sentía bien, al menos físicamente.

Capítulo 21

El Viaje en Barco

Después de unos diez días en Linosa, el Capitán y el Doctor aparecieron en mi habitación; era tarde por la noche —¿cuán tarde?— no lo sé. Era junio en el Mediterráneo, y los días eran largos y luminosos. Me despertaron y me informaron que habían recibido una señal desde Roma indicando que debía ser trasladado fuera de Linosa. Así que habían reportado mi llegada. Yo había esperado que eso no ocurriera.

Me vestí, me puse el chaleco salvavidas Mae West, recogí mi pequeño equipo, cigarrillos y encendedor, y los guardé en mi bolsa de mano. Partimos caminando por el pueblo hasta el final de la calle principal. Nunca había llegado tan lejos antes, y terminamos en un pequeño puerto. Junto al muelle estaba un pequeño barco pesquero motorizado. Subí a bordo con dos guardias. Me despedí de Il Comandante y una sincera despedida a mi amigo, el Doctor. Estaba extremadamente agradecido por su trato, tanto médico como psicológico, especialmente considerando que yo era el enemigo. Supongo que sus deberes como médico se antepusieron a cualquier otra circunstancia. Le ofrecí un regalo algo modesto: dos paquetes de cigarrillos. Los aceptó con evidente sinceridad, y subí al barco, que zarpó de inmediato.

Habiendo perdido ahora a mi amigo doctor que hablaba francés, me vi de inmediato sumido nuevamente en mi pequeño mundo, escuchando a los dos guardias y a los dos tripulantes charlar en un dialecto extraño del italiano. Volvieron las preguntas que me atormentaban desde el aterrizaje forzoso y que seguirían en mi mente por mucho tiempo: ¿A dónde voy ahora? ¿Qué va a pasar conmigo? ¿Cómo serán mis nuevos captores? ¿Cómo me tratarán? ¿Estaré vivo en una semana, o incluso en un día? Sabía que no debía desesperarme; debía intentar siempre ver el lado positivo y recordarles en todo momento que era un oficial británico. No debía volverme beligerante, o podría salir perdiendo. Los continentales son mucho más conscientes del rango que los británicos, así que lo mantuve presente. Mientras avanzábamos durante la noche, mis pensamientos regresaron a Linosa. Había sido increíblemente afortunado, primero por sobrevivir al accidente y, segundo, por haber sido tratado tan bien.

Linosa tenía entonces unos 200 habitantes y era usada durante la guerra como una especie de isla prisión para los miembros problemáticos de los servicios italianos. Después de la guerra, se siguió usando y se enviaron allí miembros de la mafia. Los isleños vivían en la pobreza y dependían principalmente de la pesca. Algunos pocos animales sobrevivían alimentándose de cactus. Algunas familias, como expliqué, vivían en cuevas. No dudo de que con el tiempo el continente proporcionó más comodidades a los isleños. Al parecer, mi aterrizaje fue el único acontecimiento notable durante la guerra. Probablemente los tomó completamente por sorpresa, lo que sin duda jugó a mi favor. Volar constantemente sobre territorio enemigo es peligroso, y aunque uno sabe que puede ser capturado, no lo piensa ni se prepara. Yo sabía poco de mis derechos como prisionero de guerra según la Convención de Ginebra, por lo que no tuve otra opción que idear mi propio comportamiento y confiar, en gran medida, en la suerte; y hasta ese momento, me había acompañado.

En algún momento del otoño de 1945, conocí a un comandante de ala que, durante una entrevista conmigo para decidir mi futuro, reveló que conocía mi historia de Linosa. Él había estado estacionado en Malta y fue quien dio aviso a los marines enviados desde Malta a Linosa. Una sección de Spitfires sobrevoló la isla, vio los restos de mi avión y, tras disparar algunos ráfagas al pueblo, informaron que sería imposible haber sobrevivido a tal accidente. El grupo naval, con su pequeña fuerza de invasión, fue retirado. "Así es la vida", como se dice. Pero volvamos a la historia.

El pequeño bote pesquero avanzaba por la oscuridad, y todos a bordo parecían ajenos a mi presencia. Estaban en lo correcto al suponer que no intentaría saltar por la borda. Sabía que era mi deber intentar escapar —pero debía ser sensato. Tal vez más adelante se presentaría una mejor oportunidad. Una vez más, me sentía bastante solo. ¿A dónde íbamos? ¿Qué me esperaba?

Después de un par de horas o más, llegamos a lo que parecía un puerto mucho más grande, y los dos guardias se acercaron a mí. Muy pronto bajamos, y nos esperaba un camión al que subimos inmediatamente. Un corto trayecto nos llevó a una puerta en el costado de una pequeña colina. Al pasar por la puerta, me encontré en una gran cueva con camas dispuestas en círculo. Era una especie de hospital, y me indicaron una cama, donde me hicieron acostarme. Los guardias se fueron, y un médico me hizo un reconocimiento superficial y se marchó. Intenté dormir. Amaneció, y me trajeron una taza de café y un trozo de pan seco. Esto sí era prisión. Aprendí rápidamente que los hospitales italianos no proveen comida, y los demás internos recibían sus desayunos de parientes o amigos. Algunos eran móviles y, de vez en cuando, pasaban junto a mi cama y me hablaban. Yo intentaba entender, sin éxito. Durante un par de días, subsistí con sopa aguada con pasta y pan seco.

El hombre en la cama contigua parecía estar enfermo de verdad, pero cada vez que su esposa llegaba con la comida, montaba un espectáculo de quejidos y gemidos durante toda su visita. Más tarde supe que había sido alcanzado por un proyectil... ¡de un Spitfire! Imaginen su enojo al saber que el tipo en la cama de al lado era precisamente un piloto de Spitfire. Si hubiera podido moverse, seguro me habría matado. Sin embargo, su esposa no compartía esa hostilidad y comenzó a darme parte de su comida. Su instinto maternal prevaleció, y se lo agradecí mucho.

Creo que fue la segunda noche que pasé allí cuando se produjo un gran alboroto y se oyeron disparos y bombardeos en el exterior. Aquello duró la mayor parte de la noche. "Es una invasión", pensé. Quizá pronto esté fuera de aquí y de regreso con mis compatriotas. Era evidente que los Aliados tomarían pronto esta isla y Linosa, así como cualquier otro lugar cercano. Sin embargo, no fue así... todavía. Se trataba, al parecer, de una especie de ensayo para reconocer el terreno. Qué lástima.

Las disposiciones sanitarias para los encamados eran las habituales bacinillas; para los demás, incluido yo, había un pequeño retrete individual fuera de la cueva. Aprendí que la palabra italiana era "cabinetto" – y, en consecuencia, al pronunciarla, aparecía un guardia que me acompañaba hasta la pequeña caseta exterior. La puerta debía permanecer abierta, y él se quedaba de pie frente a mí durante toda la operación.

A la mañana siguiente del ataque, recibí la visita de un oficial del ejército que hablaba inglés. Qué agradable fue volver a oír mi propio idioma después de lo que parecía una eternidad. La vida está llena de sorpresas, incluso en circunstancias adversas, y aquel oficial me informó de que, durante el ataque de la noche anterior, dos soldados británicos habían muerto y se celebraría un funeral. "¿Le gustaría asistir?", preguntó. "Por supuesto", respondí, poniéndome mi ropa desgastada. Caminamos una corta distancia hasta el cementerio y presencié el servicio y el entierro. Memoricé los nombres y números de los dos soldados para recordarlos en el futuro, pero tristemente los olvidé con el tiempo. Al volver, le pedí al oficial si podía conseguirme pasta dentífrica, y me dijo que lo intentaría. Más tarde, ese mismo día, apareció junto a mi cama con la pasta de dientes y se quedó para charlar un rato. No recuerdo de qué hablamos, pero antes de marcharse le di, a cambio, una postal con la imagen de la pin-up del momento: ¡Dorothy Lamour! Pareció agradarle mucho, y se fue. No lo volví a ver. Por favor, no me pregunten cómo llegó esa imagen a mis manos, pero resultó muy útil después de todo.

A partir de entonces, la vida en aquel hospital consistía en intentar leer algo de italiano en los escasos periódicos o revistas, agradecer a la buena señora sus aportes de comida y hacer alguna que otra visita al cabinetto. No recuerdo cuántos días pasé allí; supongo que fueron menos de una semana. Luego, una noche (¿por qué hacen siempre estas cosas por la noche, cuando es imposible ver nada?), me metieron en un camión para regresar al puerto. Llegamos al muelle y bajamos del vehículo. ¡Dios santo! ¿Qué demonios era aquello amarrado allí? ¡Era un submarino!

Rápidamente me escoltaron a bordo y el aparato zarpó de inmediato. Me llevaron al interior, hasta lo que resultó ser el comedor de oficiales, que consistía en cuatro literas, una mesa y cuatro sillas. El navío se deslizó ruidosamente en la noche.

Más tarde supe que había perdido la invasión de la isla de Lampedusa por cuestión de un par de horas. Me enteré leyendo un periódico mucho tiempo después. Al mismo tiempo, y también lo leí bastante más adelante, el grupo naval que desembarcó en Linosa fue recibido con una rendición inmediata y una nota de un piloto de Spitfire que informaba que, como prisionero en la isla, había sido tratado muy bien y que confiaba en que los isleños recibieran el mismo trato.

El submarino navegó durante un tiempo, y luego sonó una sirena, se cerraron las escotillas con estrépito y se sumergió. Poco después, los motores se detuvieron y reinó el silencio. Supuse que estábamos en el lecho marino. Aquello no me hacía ninguna gracia. Me tumbé en una litera, maldiciendo mi mala suerte, sintiéndome de nuevo completamente solo en el mundo. ¿Cuál sería el siguiente paso?, me pregunté.

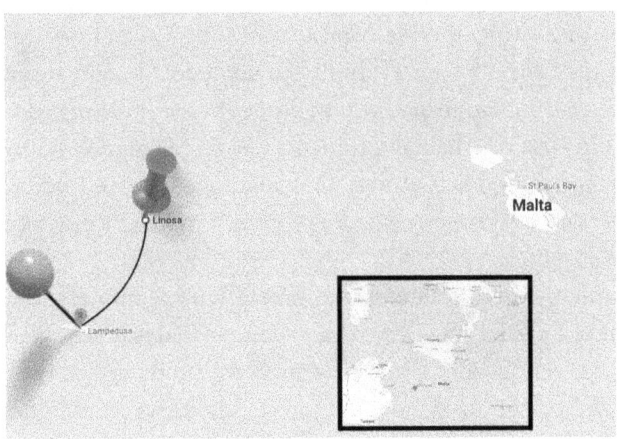

El trayecto de Ken desde Linosa hasta Lampedusa

Capítulo 22

Una Vida Bajo Las Olas Del Océano

Supongo que todo había sido estibado y puesto en orden, o como sea que lo digan en la Marina, porque al poco rato, tres oficiales se unieron a mí en el diminuto comedor de oficiales. Estaba el Capitán, que hablaba un poco de inglés; el Segundo al mando, que creo que era el ingeniero y hablaba francés; y el tercer hombre, que creo que era el navegante. Todos fueron notablemente amables e intentaron entablar conversación. Fue encantador y reconfortante, y no sentí ningún peligro en absoluto.

El Capitán dijo que ahora me mostrarían los límites que no debía sobrepasar. El oficial más joven me acompañó desde el comedor unos metros hasta el lavabo y el retrete. "Un problema menos", pensé. Volvimos al comedor, y el Capitán se levantó y me indicó que lo siguiera. Fuimos en dirección contraria, hacia el centro de control del submarino. Me mostró un lugar donde sentarme, y comprendí que podría ocupar ese asiento mientras el submarino navegaba en superficie por la noche. El asiento estaba justo bajo una corriente de aire hacia la torre de mando, y por las noches era un enorme alivio sentarse allí, bajo esa corriente de aire fresco.

Volvimos al comedor y se sirvió la cena. El primer plato, por supuesto, era pasta. El Capitán me preguntó si sabía qué era. "Sí",

Haz Que Valga

respondí, "es macarrones." Me sonrió con dulzura y dijo: "No, es espagueti." Puede parecer extraño al leer esto, pero jamás había visto espaguetis antes. Había comido muchas veces budín de macarrones en casa. En el Reino Unido antes de la Segunda Guerra Mundial, no existían restaurantes italianos, indios o chinos. La comida en aquellos tiempos era puramente británica.

Aparte de las comidas diarias de espaguetis, no recuerdo nada más sobre la comida del submarino, salvo que era estupenda, la mejor que había tenido desde que fui capturado. La disfruté por completo. Iba a ser la mejor comida que tendría durante mucho tiempo.

La nave era grande y contaba con una tripulación de más de cincuenta submarinistas. Nunca había pensado demasiado en submarinos—siendo sincero, no había pensado en ellos en absoluto. Pero me pareció mucha tripulación. La rutina pronto quedó clara. Habían estado en una larga travesía y, al estar cerca de casa y, supongo, con permiso a la vista, estaban decididos a evitar cualquier percance que les impidiera llegar a puerto en Italia.

Una hora antes del amanecer, se sumergían y permanecían quietos sobre el lecho marino hasta una hora después del anochecer, cuando volvían a emerger y proseguían. El submarino no se movía en absoluto mientras estaba sumergido. Era junio en el Mediterráneo, con días bastante largos. Al emerger por la noche, todos estábamos casi sin aliento. Era terrible, más aún, supongo, porque no estaba acostumbrado. Sin embargo, era joven y estaba en forma, así que lo soporté.

Poco después de emerger cada noche, el Capitán venía al comedor y me llevaba a mi asiento en la sala de control, bajo el valioso chorro de aire fresco. Los tripulantes de guardia revisaban constantemente los instrumentos, y a menudo se entonaba alguna canción. Me invitaban a unirme, y lo hacía en la limitada medida de mis capacidades. El Capitán me dijo que podía fumar si quería mientras estaba allí. Fue una agradable excepción.

Ocurrieron cosas extraordinarias, así que debo recordarte que yo estaba en un submarino italiano como prisionero. Y, sin embargo, los oficiales y la tripulación me trataban como a un visitante bienvenido. Esa había sido mi impresión hasta ahora sobre la vida como prisionero, y me costaba creerlo. Ya lo dije antes y lo repito: los italianos no son un pueblo belicista, aunque supongo que si se ven acorralados, luchan como cualquiera. Pero ahí estaba yo, y quedó claro que era la única persona a bordo con cigarrillos. Empecé un sistema de racionamiento diario. Mirando atrás, después de cincuenta años, sigue pareciéndome increíble. No había absolutamente nada que les impidiera quedarse con todos mis cigarrillos... pero no lo hicieron.

Siempre confié en mis cigarrillos como moneda de cambio, y resultó ser cierto. Daba al Capitán tres cigarrillos cada mañana y al Segundo al mando, dos. Cada noche, durante la pausa de las canciones, dejaba dos cigarrillos sobre la mesa e indicaba a la tripulación que jugasen a las cartas para ver quién ganaba uno cada uno. Era un sistema magnífico y fomentaba un ambiente cordial. Yo me limitaba a fumar uno por día. Increíblemente, les enseñé a cantar "Run Rabbit, Run" y un par de canciones más que ya no recuerdo.

La vida, por el momento, era llevadera, aunque aburrida, salvo por los ataques casi diarios de barcos o aviones mientras estábamos sumergidos. Los cargamentos de profundidad cayeron muy cerca, y más de una vez el submarino fue sacudido de lado. Pero, gracias a Dios, nunca hubo un impacto directo. No recuerdo la duración exacta del viaje, pero la estimaría en más de una semana. Tal vez nueve o diez días, dado lo que tardábamos. No parecía importarles cuánto demorara, siempre que llegaran sanos y salvos.

Durante ese viaje, el oficial de ingeniería me contó que hacía tiempo había estado en un submarino que había subido bastante por el río Támesis. Estaba visiblemente orgulloso de aquel logro. No dijo, sin embargo, que hubieran hundido algún barco. Me había pasado por la cabeza varias veces que debía de ser alguien importante para que se tomaran tantas molestias en evitar que regresara con los míos. Indudablemente, yo era el primer enemigo que muchos de ellos conocían, y pensaba en la historia que los submarinistas contarían a sus familias al volver. Probablemente la misma que estoy contando yo, cincuenta años después.

Una noche, mientras esperaba que me invitaran a la sala de control, tomé cuenta de mi capital: los cigarrillos. Me quedaban los suficientes para esa noche y un par más para mí. Decidí contarles. Era increíble, pero sentía que me había convertido en su amigo. Me senté en mi asiento, y la noche transcurrió como siempre, hasta que se me indicó que

Haz Que Valga

regresara al comedor. Pero eso no ocurrió. El Capitán descendió por la escotilla y me habló. Como siempre que se dirigía a mí, me puse de pie por respeto a su cargo. Después de todo, él era el Capitán y yo solo un prisionero en su barco.

El Capitán dijo que pronto llegaríamos al puerto, tras el amanecer, y me preguntó si quería acompañarlo a la torre de mando para recibir el saludo. Era costumbre que una nave de la Marina italiana, al regresar a puerto, fuera saludada con un disparo ceremonial. Le dije que no tenía gorra. Es norma en las Fuerzas Armadas del Reino Unido que no se debe saludar —ni devolver el saludo— si uno no está correctamente uniformado. Pero, nuevamente, decidí romper las reglas y lo acompañé. Fue una experiencia interesante, especialmente después de tanto tiempo encerrado. Un camarero nos trajo café. Sin duda, era un trato de primera clase. Por supuesto, eran italianos continentales que respetaban el rango —incluso el del enemigo.

Amaneció, y vi tierra en el horizonte. En menos de una hora, "Italia", dijo el Capitán, y me indicó que desembarcaríamos en Tarento. Fue muy agradable estar allí arriba, en la torre, observando cómo se acercaba la tierra y bebiendo otro café, fuerte y dulce. Finalmente, distinguí lo que parecían fortalezas a ambos lados de la entrada del puerto, y el Capitán volvió a señalar: "Tarento", y luego repitió: "Para usted, la guerra ha terminado." Me pregunté, una vez más, qué me esperaba. Hasta ahora había tenido muchísima suerte.

Justo antes de cruzar la entrada al puerto, el Capitán me hizo una señal. Me puse a su lado y ambos saludamos, manteniendo el saludo hasta que llegó la respuesta con dos disparos ceremoniales. En cuanto cruzamos, comenzó a dar órdenes a la tripulación desde la sala de control, redujimos la velocidad y nos acercamos al muelle.

Mientras nos amarrábamos, el Capitán me pidió que volviera al comedor y esperase allí hasta que él viniera a buscarme. Me senté, pensando que estaría organizando una escolta. Aproximadamente tres cuartos de hora después, el Capitán entró y me entregó —¡adivinen qué! — una cajetilla de doscientos cigarrillos. Le agradecí lo más sinceramente que pude y lo seguí al muelle, donde me entregó a dos guardias del ejército.

Había sido un viaje en submarino increíble, y aún recuerdo el nombre del barco... aunque, con el tiempo, por supuesto, lo olvidé. Hay bastante distancia entre Lampedusa y Tarento, en el "tacón" de Italia, así que, a la velocidad que íbamos, supongo que el trayecto duró más cerca de diez días que de una semana. En todo caso, lograron su objetivo: llegar sanos y salvos a casa. Ni ellos ni yo sabíamos lo que el futuro nos deparaba. Pero yo, al menos, había vuelto a pisar tierra firme.

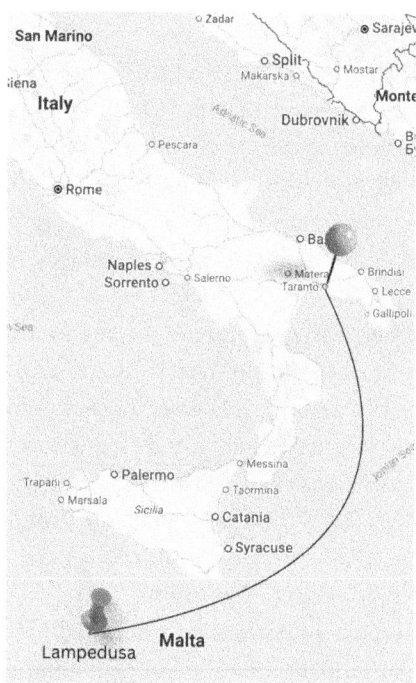

El viaje en submarino de Ken

Capítulo 23

Italia Continental

Caminamos un corto tramo hasta un edificio cercano al muelle y subimos al primer piso. Uno de los guardias abrió una puerta e hizo un gesto para que entrara. La habitación era bastante espaciosa, con una gran cama, una mesa, una silla y un armario. Un guardia permaneció afuera de la puerta, y me dejaron con mis pensamientos. Lo celebré encendiendo un cigarrillo. Aún tenía un buen encendedor que había comprado mucho tiempo atrás durante mi descanso de tres días en Constantine. Parecía que habían pasado años desde entonces, con todo lo que había ocurrido.

Me estaban alojando en el Mess de Oficiales de una base de hidroaviones, aunque nunca vi a ningún piloto. La habitación tenía baño propio, así que estaba cubierto en cuanto a necesidades básicas. De vez en cuando, la puerta se abría y el guardia entraba. Miraba a su alrededor para asegurarse de que no estuviera haciendo agujeros en las paredes ni nada por el estilo, y luego volvía a salir. Era un tipo hosco, y me cayó mal de inmediato.

Eventualmente, la puerta volvió a abrirse y entró una especie de camarero con una bandeja con café, pan y un plato de pescado frito. ¡Era la primera vez en mi vida que me servían pescado con la cabeza aún puesta! Pero tenía hambre y disfruté mucho la comida. Las tres comidas al día —si es que se puede llamar comida al desayuno continental— eran la única distracción en una existencia bastante monótona. Alguien con buena voluntad me hizo llegar algunas revistas italianas. Las leí y releí, y empecé a reconocer algunas palabras. Había muchas fotos del gran líder Mussolini, quien, desde el principio, había elegido el bando equivocado, y todos sabemos lo que le ocurrió.

Durante los días siguientes, solo tengo dos incidentes que relatar. El primero fue que un día se abrió la puerta de la habitación y entró una persona —o más correctamente— un sacerdote católico. No recuerdo en qué idioma conversamos, pero resultó que su visita era puramente por motivos de bienestar. ¿Estaba bien? ¿Tenía suficiente comida? ¿Me trataban bien? Le aseguré que todo eso estaba cubierto, y me pidió que le diera mi número, rango, nombre y dirección familiar, prometiendo que haría lo posible por enviar un mensaje a casa vía radio a través del Vaticano. Como prisionero de guerra, uno está obligado a proporcionar solo número, rango y nombre, pero este hombre parecía ser un auténtico miembro del clero, así que le di lo que pidió. Me preguntó qué mensaje quería enviar. Esos datos eran transmitidos por el Vaticano y escuchados por un individuo en el Reino Unido que luego los reenviaba en postales a las familias correspondientes. Si mal no recuerdo, la postal llegó desde algún punto de la costa sur del Reino Unido. Creo que mi madre recibió ese mensaje antes de recibir la carta oficial de mi jefe de escuadrón, pero no estoy seguro de ello.

Haz Que Valga

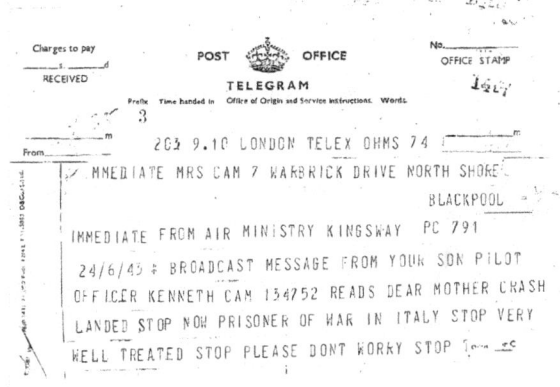

El telegrama enviado desde Italia que llegó a manos de la madre de Ken vía Vaticano

El segundo incidente fue un ataque aéreo sobre el puerto de Tarento. Los Aliados habían comenzado su campaña en el territorio continental italiano. Aparte del ataque, no sabía nada sobre cómo iba la guerra, aunque obviamente no lo estábamos haciendo mal. Más tarde me enteré de que hubo combates bastante duros para conquistar Sicilia, y que tras eso se establecieron posiciones en la península. Pero en ese momento, no sabía nada o, para ser honesto, absolutamente nada. Seguía viviendo una existencia casi monacal.

Volviendo al bombardeo en Tarento. Sonaron las sirenas, hubo gritos, alboroto y gente corriendo. La puerta de mi habitación se abrió de golpe, y el mensaje visual del guardia no necesitó traducción. Prácticamente corrimos hacia un refugio subterráneo. Ya estaba repleto de civiles y militares, y el ruido era ensordecedor. Gritos, llantos, oraciones. Todos haciéndose la señal de la cruz y rezando en voz alta. ¿Cómo se suponía que Dios iba a escuchar entre tanto barullo? Supongo que era su primer contacto real con la guerra, pero yo ya estaba acostumbrado, así que me afectó poco. Entonces ocurrió algo extraño. Después de un rato, esa especie de histeria colectiva comenzó a afectarme también, hasta el punto de que grité con todas mis fuerzas varias veces: "¡Silencio, silencio!". De repente, se hizo el silencio y la mayoría se volvió hacia mí.

Hice un gesto para que mantuvieran la calma, y sorprendentemente, obedecieron. Pensándolo después, podrían haberse vuelto contra mí y habría terminado mal. Pero no fue así, y el resto del ataque transcurrió en oración silenciosa. Un oficial se había unido a mi guardia —quizás para asegurarse de que no intentara escapar— y durante ese silencio me miró y sonrió. Yo me encogí de hombros y le devolví la sonrisa. No olvidemos que yo era el enemigo, y por lo tanto, a sus ojos, responsable de aquella alteración en sus vidas.

Siguió la señal de "fin del peligro", y regresamos a mis aposentos. El guardia abrió la puerta y prácticamente me empujó dentro. Estaba claramente alterado por el bombardeo, y la vista de mi encendedor y cigarrillos fue demasiado para él. Se acercó a la mesa y, sin dejar de vigilarme, se guardó el encendedor y los cigarrillos. Protesté como pude, pero fue inútil. Habían desaparecido para siempre. Muy frustrante, y lo maldije. Pido disculpas una vez más por no recordar cuánto tiempo permanecí en este "alojamiento", pero poco después del ataque aéreo, me despertaron temprano una mañana, y me encontré acompañado por un oficial y un cabo. Reuní mis pertenencias, lo cual me tomó unos diez segundos, y salimos del edificio. Eso fue todo para Tarento.

Capítulo 24

Viaje en Tren Número Uno

Los tres echamos a andar, y mientras pasábamos junto a pequeños grupos de madrugadores, todas las miradas se posaban en mí. Señalaban en nuestra dirección y conversaban entre ellos. Era como ser una estrella de cine conocida, ¡pero las circunstancias eran bastante distintas!

Llegamos a una estación de tren y subimos a un vagón. Aunque el tren iba lleno, teníamos un compartimento para nosotros solos, lo cual fue una bendición. He llamado a este capítulo "Viaje en tren número uno" porque fue el primero de varios, y viéndolo en retrospectiva, sin duda fue el más cómodo. Sabía que, como Oficial Prisionero de Guerra, tenía derecho según la Convención de Ginebra a recibir una cierta cantidad de dinero por día, dependiendo de mi rango. Empecé a insistirle al oficial para que me entregara algo de dinero. Se mostró desconcertado ante mi petición, pero horas más tarde, gracias a mi insistencia, me entregó algo de efectivo. No sabía cuánto me había dado, pero lo que sí sabía era que estaba decidido a gastarlo en cuanto se presentara la primera oportunidad —preferiblemente en algo de comer.

Como ocurría en otros países en guerra, los trayectos en tren eran largos y lentos. Cuando necesité usar el baño, se lo comuniqué al oficial. Él mandó al cabo, que volvió tras unos minutos y me escoltó hasta el "cabinetto". Era otro de esos horribles "agujeros en el suelo". La puerta del baño quedó abierta, y él se quedó plantado en ella, rifle en mano, mirándome fijamente hasta que terminé —una rutina a la que pronto tendría que acostumbrarme.

Regresamos al compartimento, y me dediqué simplemente a mirar el campo pasar por la ventanilla. Finalmente, llegamos a una estación y el oficial me informó de que estábamos en Nápoles. De nuevo, surgía la gran pregunta: ¿Adónde íbamos, y con qué propósito? Era una incertidumbre a la que uno nunca llegaba a acostumbrarse. Sin embargo, resultó que teníamos que esperar otro tren durante dos o tres horas, y el oficial y yo nos sentamos en un banco, mientras el cabo permanecía de pie detrás de nosotros. ¿Cómo puedo gastar algo de dinero?, pensé. ¿Cómo consigo algo de comer?

Apareció un vendedor ambulante y se instaló a unos cincuenta metros. Su carro parecía estar lleno de fruta, y el problema inmediato quedó resuelto. Le pedí al oficial lo mejor que pude y señalé el carro. Aceptó, y caminamos hacia él. Al parecer, eran albaricoques —pero yo nunca había visto un albaricoque en estado natural; solo los conocía enlatados. Sin embargo, no era momento para ponerse quisquilloso. Le metí todo el dinero que tenía en la mano al vendedor, y me dio tres bolsas grandes llenas de fruta a cambio. Regresamos al banco y contemplé con asombro mi adquisición. Pensé: "Nunca podré comerme todo esto", así que le di una bolsa al oficial para que la compartiera con el cabo. Lo agradecieron mucho, y comimos en silencio.

Llegó la hora, y subimos a otro tren. Ya en marcha, me informaron de que nuestro siguiente destino era Roma. Volvimos a cambiar de tren para continuar el viaje hacia lo desconocido. Después de un par de horas, el tren se detuvo en una pequeña estación rural y nos bajamos. Miré el nombre de la estación y, según recuerdo, decía algo así como *Merriot Poggiot* o parecido. Afuera, nos esperaba el transporte. Para quien lo sepa, el vehículo era uno de los primeros Fiat Cinquecento, ¡un coche diminuto! Era descapotable, y nos apretujamos dentro. Con nosotros tres más el conductor, el coche iba repleto: el conductor y el oficial delante, y el cabo y yo detrás. ¡Como sardinas en lata! ¿Y ahora adónde?

El pobre motorcito resoplaba mientras subíamos por las colinas, hasta que finalmente llegamos a un edificio que parecía un monasterio. Y

Haz Que Valga

así era. Por el momento, ese resultó ser el destino final del viaje. Me guiaron por un pasillo de suelo de piedra y me condujeron a una celda. Contenía una cama, una silla y una mesa, como de costumbre. ¡Mi nuevo hogar!

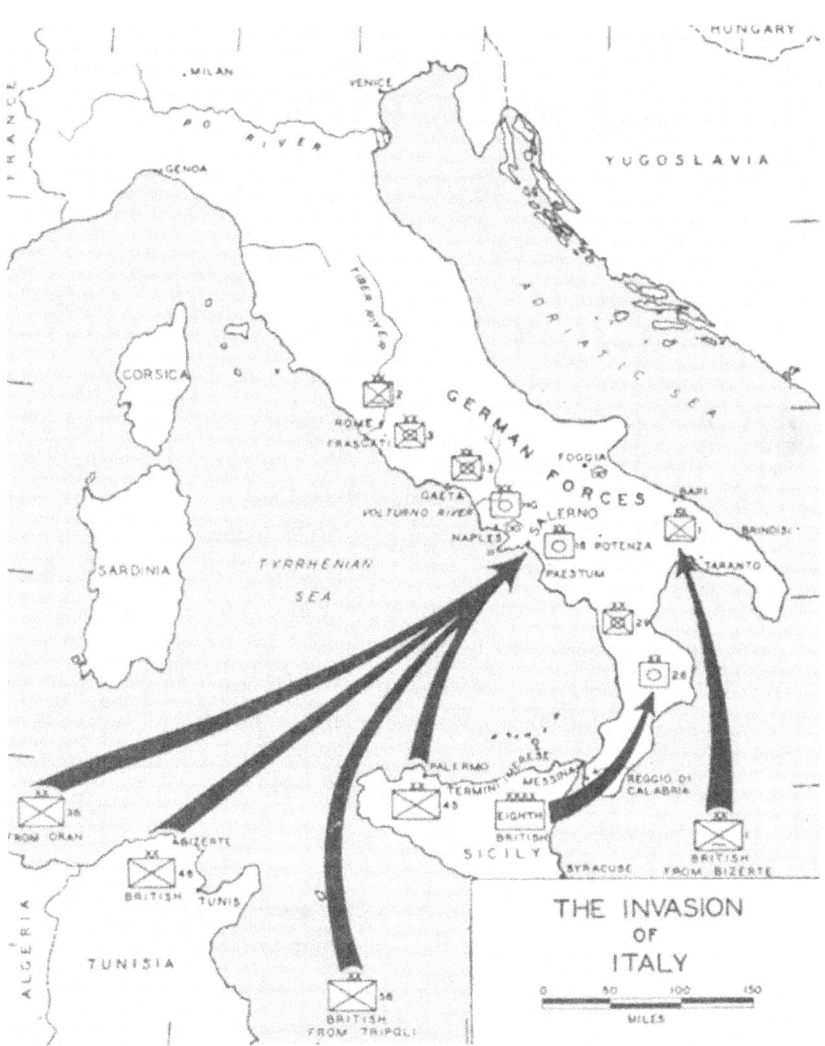

La invasión aliada de Italia

Capítulo 25

Confinamiento en Solitario

Examiné mi nuevo entorno, lo cual no me llevó mucho tiempo. Sobre la mesa había un libro —alguna alma caritativa lo había dejado allí— y estaba escrito en inglés, lo cual era una novedad que agradecí. Parecía ser una novela romántica; la dejé a un lado por el momento, me tumbé en la cama e intenté dormir. La expresión "confinamiento en solitario" encierra mucho significado, pero para entonces ya me estaba acostumbrando... si es que eso es posible alguna vez.

La puerta se abrió con estruendo, y entró un guardia con una bandeja que contenía una especie de sopa con pasta, pan, y algo que nunca había visto antes: un trozo de queso de unos cinco centímetros cúbicos, duro como una piedra. Me encantó el sabor desde el primer bocado y, desde entonces, siempre me ha gustado. Era parmesano. Después de la pasta y el pan, lo fui mordisqueando con cautela. Esa ración de queso se repitió cada noche, y la disfruté muchísimo.

A veces, escuchaba voces en el pasillo, lo que me indicaba que no era el único ocupante de las celdas. Durante los últimos meses había tenido tiempo de sobra para reflexionar, y parecía que había llegado al lugar perfecto para ese tipo de actividad mental. También deduje, por las conversaciones que oía, la información que necesitaba sobre los servicios sanitarios. Las necesidades fisiológicas son parte importante de la vida, pero para los británicos —a diferencia de los continentales— son asuntos que se deben llevar a cabo en privado. Lamentablemente, esos días habían quedado atrás.

El sistema era sencillo: uno golpeaba la puerta de la celda y gritaba "cabinetto" hasta recibir respuesta. Entonces el guardia aparecía y te escoltaba hasta el final del pasillo, pasando por delante de las demás celdas, hasta llegar a otro de esos "agujeros en el suelo". Sin duda higiénico, pero difícil de asimilar —sobre todo porque el guardia se quedaba de pie en el umbral, observando toda la operación. Estos paseos, junto con la comida, eran mis únicos descansos en una rutina completamente monótona.

En algún momento durante mi estancia, cumplí veintidós años. Y tras pasar algunos días en esas nuevas condiciones, me llevaron a la lujosa oficina del comandante para ser interrogado.

Allí estaba él, tras un gran escritorio, impecable con su uniforme de gala. El capitán fue cortés hasta el exceso, lo cual, de inmediato, me puso en alerta. Sabía que estaba en un centro de interrogatorios, y tras confirmar mi número, rango y nombre, comenzó (en inglés) a hacerme preguntas sobre mi escuadrón y temas relacionados. Me negué a responder a todo. En consecuencia, me ofreció un cigarrillo. La tentación era grande, pero al inspeccionarlo, vi que era un Player's —una marca británica muy conocida— con las palabras "British Red Cross" (Cruz Roja Británica) impresas en el lateral. Se lo devolví lanzándoselo por encima del escritorio, preguntándole cómo era posible que tuviera algo que pertenecía, por derecho, a sus prisioneros. La entrevista terminó abruptamente. Estaba furioso por mi actitud y ordenó que me devolvieran a la celda. Y yo que necesitaba un cigarro...

Leí el libro varias veces, pero la historia de amor solo me recordaba que en aquel momento nadie me quería, y que seguía solo en una vida precaria. Al mirar el techo mientras yacía en la cama, vi que estaba pintado de blanco con varios rombos grandes de color rojo. Con el tiempo noté que uno de los rombos, de unos diez centímetros de largo, era distinto al resto. ¿Por qué? ¿Qué era?

Sabía que el guardia abriría la mirilla de la puerta de vez en cuando para ver qué hacía el prisionero, así que escogí bien el momento. Coloqué la mesa sobre la cama, la silla sobre la mesa y me encaramé. Al alcanzar el rombo, descubrí que estaba hecho de una especie de lona flexible. "¡Un micrófono oculto!", pensé. Decidí cuál sería mi próximo paso.

De nuevo, puse la silla sobre la mesa y esta vez la coloqué cerca del muro exterior. Desde allí, podía ver a través de una pequeña abertura con barrotes y observar cómo los militares jugaban a la petanca por las tardes. Cuando jugaron al día siguiente, subí hasta el rombo, retiré la lona y allí estaba: un micrófono. Lo arranqué de sus conexiones, devolví los muebles a su sitio junto a la ventana, apunté con cuidado, y lancé el micrófono entre los barrotes. Aterrizó en plena pista de petanca. Qué susto se llevaron. Fue maravilloso. Disfruté del momento... pero no por mucho tiempo.

La puerta de la celda volvió a abrirse de golpe. Me arrastraron de nuevo al despacho del comandante. Estaba echando humo. "¿Otra vez este tipo?", se le leía en la cara. La entrevista fue breve: me impuso siete días más de confinamiento en solitario. Pero en el fondo, me sentía satisfecho. Pensé que siete días pasarían rápido. O eso creía yo. La espera fue tediosa, y empecé a arrepentirme de mi osadía.

Sin embargo, con los años sigo pensando que fue una buena jugada. Ayudó a mantenerme animado. Y la memoria de estas cosas permanece en la mente. Después de todo, si no fuera así, no tendría nada sobre lo que escribir. Para pasar el tiempo, intenté todo tipo de ejercicios mentales. Medí el alcance de mi mano abierta de pulgar a meñique y traté de calcular el tamaño de una pared. Luego, mentalmente, saqué el área de la pared, después el suelo —que era igual que el techo— y así sucesivamente, hasta intentar calcular el volumen de la celda. Luego pasé a estimar las dimensiones de la cama, la mesa, y así sin parar.

Los siete días se hicieron eternos. Al octavo, después del desayuno, me dijeron que recogiera mis cosas y siguiera al guardia. Fue un auténtico placer salir de nuevo al aire libre. Otra vez me subieron al Fiat 500 con los dos escoltas —el oficial y el cabo. Recorrimos los caminos rurales hasta la estación. Las mismas preguntas de siempre daban vueltas en mi cabeza. ¿Adónde íbamos? ¿Con qué propósito? Esperamos en el andén un buen rato antes de subir al tren. Regresamos a Roma y otra vez tuvimos que esperar para cambiar de tren. Dicen que todo llega a su tiempo, y así fue: subimos a otro tren. La conversación era prácticamente inexistente, y por más que lo intenté, no logré averiguar nuestro destino.

El viaje fue largo. Recuerdo pasar por un túnel. El tren hizo muchas paradas. Me entretenía observando el paisaje por la ventana y tratando de leer los nombres de las estaciones, pero no saqué nada en claro. Finalmente, nos bajamos en un lugar llamado Módena. No me decía nada. Subimos a la parte trasera de un camión, que se puso en marcha de inmediato. La falta de información sobre mi destino empezaba a preocuparme. A cierta distancia del pueblo, el camión se detuvo y descendimos. ¿Qué vi entonces? Las puertas principales de lo que claramente era un campo de prisioneros.

Entramos en la garita, y fui entregado oficialmente al comandante del campo, que firmó un recibo por mí. Mis escoltas ferroviarios se marcharon, y me quedé frente al oficial. Me miró y pronunció una frase que ya había oído varias veces en los últimos meses: "Para usted, la guerra ha terminado". Se abrió la puerta y entró un tipo que evidentemente era prisionero de guerra. Me dio la bienvenida y me estrechó la mano. Encontrarme con otro prisionero fue un verdadero regalo. El ánimo me subió de inmediato. Era la primera vez, desde mi aterrizaje forzoso, que veía a alguien de nuestro bando.

Capítulo 26

Mi Nueva Vida

Junto a mi nuevo compañero, salimos de la garita y cruzamos el patio central, rodeado por sólidos edificios tipo cuartel. Al parecer, mi acompañante era capitán de las Fuerzas Sudafricanas y había sido capturado en la zona de Tobruk. Me dijo que la vida allí no era tan mala y que no había malos tratos. ¡Una noticia excelente!

Mientras cruzábamos el patio, me informó rápidamente de que Sicilia ya había sido conquistada y que los combates estaban bien establecidos en la península. Había resistencia alemana, como era de esperar, pero en general, la guerra contra el enemigo avanzaba favorablemente.

Entramos en una sala destinada a los oficiales británicos de mayor rango. Dos oficiales me recibieron. Me senté, y procedieron a asegurarse de que yo era efectivamente un oficial británico. Me pidieron que relatara mi historia desde mi llegada a Linosa. Cuando terminé de resumir mis peripecias, se convencieron de que yo era quien decía ser. Nos pusimos en pie, hubo apretones de mano y una cálida bienvenida. Apareció una taza de café, y me explicaron cómo funcionaba mi nuevo hogar: el *Campo di Prigionia di Guerra* de Módena. Al parecer, tras haber superado en solitario una especie de "aprendizaje", ahora había "graduado" oficialmente como prisionero de guerra. ¡Vaya logro!

Los tres oficiales presentes, al igual que la gran mayoría de los prisioneros en el campo, pertenecían al ejército sudafricano. Me dijeron que los prisioneros de la RAF eran muy escasos, y probablemente tenían razón, porque no recuerdo haberme cruzado con ninguno en aquel campo.

Me llevaron a uno de los barracones y me asignaron una cama libre, situada aproximadamente a un cuarto de la distancia desde la puerta. Todos los edificios eran iguales: de hormigón, con suelos de mármol y ventanas a ambos lados. En el centro había una gran *stufa* (estufa) de azulejos para el invierno. Comparado con el alojamiento que experimentaría en los años siguientes, aquello era casi lujoso. Había un buen espacio entre camas, y no estaban apiladas una sobre otra. Me preguntaba cómo serían los meses de invierno y si habría suficiente combustible para mantener encendida la estufa.

La ciudad de Módena está a unos 60 kilómetros de Bolonia, en el noreste de Italia. Aunque está bastante al sur de los Alpes, imaginé que en invierno haría bastante frío. Pregunté a mis nuevos compañeros si podría conseguir más ropa, ya que seguía teniendo solo zapatos, calcetines, calzoncillos, pantalones cortos y camisa. Uno de ellos me dijo: "Ya te consigo algo", y se fue. Aproximadamente una hora después, volvió con una camisa, un pantalón y unos calcetines. Le agradecí muchísimo el gesto. "Estamos todos en el mismo barco", respondió. En ese barracón había bastantes oficiales británicos, lo cual supongo que fue la razón por la que me ubicaron allí.

Durante los días siguientes, entendí la rutina del campo. Había formaciones y recuentos dos veces al día. Las comidas salían de una cocina común, y cada uno tenía su plato, taza y *dixie* (cazo). Las raciones consistían en pan y una sopa aguada con trozos de pasta y verdura flotando. No era comida gourmet, pero al menos mantenía a uno con vida, y eso era lo máximo que se podía esperar del enemigo. Poco a poco, comencé a perder la sensación de soledad que me había acompañado desde Linosa, y se fue formando un sentimiento de camaradería.

Se anunciaban noticias sobre el avance de los Aliados en Italia, y se hablaba de nuevos desembarcos en la costa occidental. Para un prisionero de guerra, mantener la esperanza es vital, y las noticias —sobre todo si eran buenas— resultaban esenciales para el bienestar mental. Me dijeron que la mayoría de los prisioneros británicos capturados en la campaña del norte de África, especialmente en el Desierto Occidental, estaban internados en un gran campo en Bari, en la costa adriática del sur de Italia.

He titulado este capítulo "Mi nueva vida", y así fue. Parecía que los meses anteriores de aislamiento habían quedado atrás, y ahora me sentía mucho más seguro... si es que uno puede sentirse seguro en una situación así. Me dije a mí mismo que solo debía aguantar hasta el final de la guerra. Si tenía la suerte de sobrevivir hasta entonces, haría todo lo posible por regresar a casa. Es decir, mi prioridad sería cuidarme a mí mismo. Escaparía si surgía la oportunidad, pero no iba a arriesgar el cuello innecesariamente. El lector podrá considerar esto una actitud cobarde. Puede que sí. Pero lo cierto es que, cincuenta y cinco años después, sigo aquí.

Eso sí, tenía mis preocupaciones: ¿cuánto tiempo más duraría la guerra? ¿Meses? ¿Años? No obstante, estar en compañía de otros lo hacía todo mucho más llevadero.

Como era de esperar, los rumores circulaban sin cesar, y al menos daban de qué hablar. Pero un día, hacia mediados de septiembre de 1943, llegó al campo una noticia que parecía increíble: Italia había firmado un armisticio secreto con los Aliados y había abandonado su alianza con Alemania. Las siguientes veinticuatro horas fueron indescriptibles. ¿Era cierto? ¿Nos liberarían? ¿Nos enviarían a casa?

Aunque nos presentamos en formación a la hora habitual, no hubo recuento. El oficial al mando del campo nos dirigió unas palabras, confirmando que los italianos efectivamente habían abandonado la guerra, y que aunque los guardias pudieran desaparecer, era nuestro deber permanecer en el campo hasta que él lograra negociar alguna solución. Y así fue: los guardias italianos desaparecieron. Poco después, algunos prisioneros también. Sin embargo, al cabo de unas pocas horas, los antiguos centinelas fueron reemplazados por otros... lamentablemente, no de la misma nacionalidad.

Los nuevos guardianes eran alemanes. Y eso, amigo lector, era harina de otro costal. Se notaba enseguida que aquellos no venían con juegos. Desaparecieron los amables y apacibles italianos, y llegaron los brutales y eficientes soldados alemanes, que claramente no iban a tolerar ni el más mínimo desorden. En los días siguientes, los prisioneros que habían intentado huir durante el vacío de poder fueron devueltos al campo uno

Haz Que Valga

por uno. Tal vez algunos lograron escapar del todo y tuvieron la suerte de encontrar refugio, comida, y esperar que la guerra pasara de largo.

Todo ocurrió muy rápido. Pronto nos estaban organizando para marcharnos del campo en grupos de unos cien prisioneros. Y, cómo no, las mismas preguntas de siempre volvían a surgir: ¿adónde vamos ahora? ¿Y con qué propósito?

Capítulo 27

En Marcha Otra Vez

Aunque los italianos habían abandonado la lucha, eso no significaba que los combates en Italia hubieran terminado. Ni mucho menos. Los alemanes siguieron como si nada, y muchos italianos fueron arrestados y enviados a Alemania como mano de obra forzada.

Llegamos a la estación de tren, pero en vez de ver vagones de pasajeros, nos encontramos con un tren compuesto por vagones de carga cerrados, de esos destinados al transporte de ganado. Seguro que habrás visto alguno con el letrero que decía: "8 caballos o 40 hombres". Y eso hicieron: metieron a 40 hombres en cada vagón. Volvió ese sonido ominoso: el portón de hierro cerrándose de golpe. Había una pequeña rejilla en lo alto de cada lateral del vagón. El ánimo era desolador. Podíamos oír cómo cerraban los demás vagones más adelante, y al cabo de unas horas, el tren arrancó.

Supongo que este era mi tercer viaje en tren, pero la "clase" era decididamente inferior a la tercera. No había espacio para tumbarse, así que todos estábamos encogidos, espalda contra espalda, que resultó ser la postura más soportable. El avance era lentísimo, con paradas prolongadas cada poco. Las instalaciones sanitarias, por supuesto, eran inexistentes. Puede que te preguntes cómo se comportaban un grupo de hombres civilizados en tales condiciones. Te lo explicaré.

Haz Que Valga

Algunos sacaron de entre sus pertenencias recipientes improvisados para hacer sus necesidades. En el caso de la orina, se lanzaba por la rejilla y los que estaban cerca se apartaban rápidamente para no ser rociados. Para los sólidos, el único método era empujar cuidadosamente los excrementos por la rejilla, trozo a trozo. Ya sé que he hablado mucho de servicios higiénicos a lo largo de estas memorias, y pido disculpas si resulta repetitivo, pero en circunstancias como estas, ese aspecto de la vida se vuelve absolutamente crucial.

La vida dentro de aquellos vagones era, en una palabra, infernal. Con el tiempo, he visto muchas películas sobre el transporte de judíos a los campos de exterminio nazis, y me considero uno de los pocos que realmente puede imaginar y comprender lo que vivieron. Gracias a Dios, nuestro destino no era el mismo. Era terrible para nosotros, hombres adultos; no quiero ni imaginarlo para mujeres y niños.

Nuestro tren era el segundo de varios que transportaban prisioneros. En el primero, los guardias eran soldados alemanes de segunda o tercera categoría, generalmente demasiado mayores o poco aptos para el frente. Me contaron después que unos doscientos prisioneros se escaparon de ese primer tren, aunque no sé cuántos lograron la libertad de forma definitiva. Solo conocí a un soldado británico que lo consiguió: llegó de algún modo a Suiza, donde fue internado hasta el final de la guerra.

Esta fuga masiva no fue bien recibida por las autoridades alemanas. En consecuencia, para nuestro tren cambiaron el personal: los guardias fueron sustituidos por tropas de las SS. Hombres duros, despiadados, que no dudaban en matar a la mínima. No hace falta que te diga qué clase de personas eran. Tú mismo puedes ponerles nombre.

Después de varios días y noches, el tren hizo una de sus muchas paradas, y la puerta del vagón se abrió. El aire fresco fue como una medicina instantánea. Nos ordenaron bajar. Supongo que lo consideraban una parada para "aseo". Aunque, francamente, ¿qué pensaban que habíamos estado haciendo hasta entonces?

A lo largo del tren, cada ciertos vagones había un vagón plano con un par de ametralladoras montadas y cuatro soldados. En una parada anterior, un prisionero fue sorprendido intentando serrar el suelo del vagón. Lo sacaron, lo ataron con alambre de espino y lo arrojaron a uno de esos vagones planos. Allí lo dejaron morir. A cada grupo de prisioneros nos obligaron a pasar junto al cuerpo, a modo de advertencia: "Si intentas escapar, este será tu destino". Nadie más intentó nada.

Volvimos a subir a los vagones, y justo antes de cerrar la puerta, un alemán lanzó dentro una caja de manzanas. Era la primera comida que veíamos en días. ¡Cómo la disfrutamos!

Las mismas preguntas rondaban sin cesar por mi cabeza: ¿Adónde vamos? ¿Y para qué?

El viaje se prolongó hasta que finalmente llegamos a Innsbruck, en Austria, donde viviríamos el episodio más humillante y degradante de toda la travesía. Se ha dicho muchas veces, y no me disculpo por repetirlo aquí: el carácter británico tiene rasgos únicos. Y eso es lo que diferencia a unas naciones de otras. Uno de esos rasgos es esa tozuda determinación de no rendirse nunca. En situaciones como esta, uno se aferra a la esperanza y sigue adelante, paso a paso. Quizás no logre transmitir del todo lo que sentí. Si es así, lo lamento.

Nos hicieron bajar por turnos de dos vagones, nos alinearon en fila india y nos hicieron marchar por la cuneta de una de las calles principales de Innsbruck. Las SS no estaban para bromas, y desobedecer hubiera sido un suicidio. Nos ordenaron bajar los pantalones y ponernos en cuclillas en la cuneta. El grito en alemán que nos daban para evacuar era idéntico a una palabra inglesa de cuatro letras cuyo significado no necesita explicación. Humillación absoluta. Los transeúntes austriacos nos escupían, se reían, e incluso alguno nos dio una patada. Levantarse o negarse probablemente habría significado la muerte. Todo, incluso aquello, tuvo su fin. Y volvimos a los vagones.

Años más tarde, durante unas vacaciones por carretera con Betty, volví a aquella calle y a la estación. Lo tenía tan grabado en la memoria que no me costó nada encontrar el lugar exacto.

Nos dieron algo de comida y agua en los vagones, pero no recuerdo qué fue. La siguiente parada fue en un patio de mercancías, donde pasamos la noche junto a otro tren de carga lleno de italianos que también iban a Alemania como mano de obra forzada. Por razones que desconozco, las puertas de sus vagones permanecían abiertas. Los italianos del vagón frente al nuestro usaban una maleta como retrete. Cuando ya estaba llena, decidieron tirarla. Por desgracia, cayó justo al lado de nuestro vagón... y explotó. El hedor durante toda la noche fue indescriptible. ¿Eso era la vida real sin filtros... o no?

Haz Que Valga

El siguiente punto de destino fue un gran campo de prisioneros llamado Moosburg, en Baviera. Como te imaginarás, estábamos inmensamente aliviados de bajar de aquellos vagones. Nos alojaron en una enorme barraca con literas de tres niveles, esas que uno ha visto en tantas fotografías. Estábamos exhaustos, y encontrar un lugar donde estirarse fue casi un lujo.

Capítulo 28

Moosburg – Fuerte Bismarck – Weinburg – Sagan

El título de este capítulo puede parecer sacado de un folleto turístico. Sin embargo, es la mejor forma que encontré para describir las semanas siguientes.

Moosburg era un campo grande—muy grande—que llevaba establecido varios años. Imagino que albergaba prisioneros de diversas nacionalidades. Había británicos, estadounidenses, franceses, rusos y hombres de países europeos como Checoslovaquia, Polonia, Hungría y similares. Probablemente fue lo más parecido a un campo de concentración que experimenté. Algunos prisioneros políticos habían sido encarcelados allí antes de 1939, cuando los británicos se involucraron en la guerra.

Un día pasaba cerca del bloque de confinamiento solitario o de castigo cuando oí a unos prisioneros gritando, intentando hablar con quien pasara por allí. Respondí a uno que era estadounidense y estaba ávido por cualquier noticia sobre el curso de la guerra. Había que tener mucho cuidado al hacer algo así: molestar a los guardias podía significar terminar de inmediato en una celda. Aprendí rápidamente a mantener un perfil bajo en todo momento. La degradación de mi último viaje en tren seguía viva en mi memoria, y lo sigue estando hasta hoy.

De vuelta en el lugar donde nos dejaron, elegí una litera superior y subí para encontrar que la cama de madera estaba infestada de insectos de todo tipo—una visión terrible. Sin embargo, como dije, estaba completamente agotado, así que pasé el brazo y la mano por la superficie y barrí tantos como pude. Aún tenía la manta que había traído del campo de Modena, así que la extendí y me acosté sobre ella. Me dormí de inmediato y desperté por los gritos de un guardia vociferando "¡Raus, raus!", que significa amablemente "¡Fuera!". Nos formamos afuera y nos asignaron a un francés bastante mayor que nosotros y que, evidentemente, era un "confiable". Era uno de esos prisioneros políticos de larga data. Íbamos camino a ser "alimentados".

"Frenchy", como pronto lo llamamos, estaba a cargo de nuestra barraca, y cada día cuando venía a buscarnos, le preguntábamos: "¿Qué hay de cena, Frenchy?" La respuesta era siempre la misma: "¡Zowp!", decía—y eso era—una sopa muy aguada con trozos de vegetales, sobre todo repollo, flotando, más un pedazo de pan negro. Es curioso pensarlo ahora, pero cada vez que uno dejaba su cama, se llevaba todas sus posesiones—latas vacías, manta, gamella—lo que tuviera. Eran como oro. Por supuesto, si no tenías un recipiente, simplemente no obtenías "Zowp". El viejo dicho "cuida de ti mismo" era totalmente cierto.

No se trataba de confiar o no en los demás, sin importar la nacionalidad. En circunstancias como estas, sobrevivir es sobrevivir.

La buena noticia fue saber que no permaneceríamos mucho tiempo en ese campo, quizás una semana o diez días, ya que evidentemente estaban clasificando a los prisioneros en distintas categorías. Estas incluían, aunque no exclusivamente, rango, nacionalidad e ideología política. Una mañana nos despedimos de Frenchy y partimos hacia la estación.

Recé para que no fuera otro viaje en vagones de ganado, y mis plegarias fueron escuchadas. Eran vagones de tren extremadamente viejos y pequeños, y todo el tren parecía envuelto en alambre de púas con barras adicionales en las ventanas y puertas. Comparativamente, era un lujo. Subimos y partimos. Éramos un grupo mucho más pequeño de prisioneros, quizá un par de cientos. El sentimiento era unánime: todos estábamos encantados de dejar atrás Moosburg.

Y ahora, mi memoria falla completamente con respecto al siguiente campo. ¿Fue Fort Bismarck o fue Weinburg? No importa, ya que intentaré describir cada lugar. He optado por relatar primero Fort Bismarck. Este estaba ubicado, creo, en un lugar llamado Offenburg, al este de Estrasburgo, del lado alemán de la frontera alemana/alsaciana. Al mencionar los diferentes campos, aclaro que "Stalag" significa campo o prisión, "Oflag" es un campo para oficiales, "Marleg" es un campo para personal naval, y "Stalag Luft" es un campo para tripulaciones aéreas.

Fort Bismarck estaba construido con forma de punta de flecha aplanada, con un foso profundo pero seco en el lado frontal y tierra firme por detrás. Los guardias patrullaban constantemente por la cima del foso y podían ver tanto el foso como el fuerte. Sin embargo, como el foso tenía un ángulo, si un guardia estaba en un extremo, el otro quedaba fuera de su vista. Siempre había alguna actividad en el foso, y por supuesto, se organizaban distracciones para desviar la atención de los guardias en una dirección mientras se intentaba escapar por la otra.

Presencié esto solo una vez, cuando dos prisioneros llegaron casi a la cima del muro del foso antes de ser vistos. Fueron escoltados al puesto de guardia principal en el centro del muro del foso. No supe nada de su destino. Ya no estábamos bajo control de tropas de las SS, lo que hacía la vida un poco más llevadera—si es que puede haber algo de agradable. Pero todo es cuestión de grado, ¿no es así? Solo tengo un comentario más sobre Fort Bismarck, donde nuevamente nuestra estancia fue breve. Se refiere a las camas. Las habitaciones estaban bajo tierra, eran muy largas y estrechas, con solo una cama. Era una especie de repisa inclinada, de unos dos metros de profundidad, que se extendía a lo largo del cuarto. Así, esa "cama" alojaba a unos treinta prisioneros. Nunca volví a ver una disposición de descanso así, pero tampoco volvimos a ser alojados en un fuerte.

El siguiente viaje fue nuevamente en los antiguos vagones de pasajeros, sin mayores comentarios salvo recordar la constante incertidumbre sobre nuestro nuevo destino y el motivo del traslado.

La comida era siempre un problema grave, y durante los viajes prácticamente inexistente. Algunos prisioneros enfermaban, incluso seriamente, pero no podíamos hacer más que gritar por un guardia a la primera oportunidad. A veces los atendían, y otras no.

Nuestro viaje terminó en un campo establecido llamado Weinburg. Fue un viaje corto, y supongo que tenía como propósito separar a los oficiales. Era el Oflag VA. La rutina establecida de la vida en el campo comenzaba a reaparecer. Dos recuentos diarios, o más exactamente, conteos de cabezas. Dos asuntos importantes merecen mención aquí.

Primero, una tarde soleada todos alzamos la vista al cielo al oír un

Haz Que Valga

avión aproximarse. De repente los vimos: una gran formación de lo que parecían bombarderos estadounidenses (B-29 o Flying Fortress). Estallaron vítores, acallados rápidamente por un guardia que disparó una larga ráfaga con su ametralladora desde una garita. Todos estábamos emocionados, y aunque los aviones volaban bastante alto, estábamos convencidos de que nuestra suposición era correcta. Más tarde supimos que había sido un bombardeo diurno a una fábrica de rodamientos en Schweinfurt.

Contenido típico de un paquete de ayuda de la Cruz Roja británica durante la Segunda Guerra Mundial

El segundo hecho fue aún mejor noticia: ¡era la primera vez que veía (y recibía media ración) un paquete de alimentos de la Cruz Roja británica! ¡Maravilloso! No puedo describir la sensación de alegría y euforia. Los paquetes de la Cruz Roja pesaban unos cinco kilos y eran enviados por las delegaciones británica, canadiense, australiana, neozelandesa y más tarde la estadounidense, y variaban un poco en contenido. El paquete británico incluía galletas duras, pasas, sardinas, tocino cocido, azúcar, leche condensada, huevo en polvo y a veces cincuenta cigarrillos—todo enlatado. A veces contenían té o cacao, además de margarina enlatada. Todos los paquetes iban primero a Suiza, que asumía la distribución entre los distintos campos. Por eso, el suministro era altamente irregular. Idealmente, cada prisionero debía recibir uno al mes, o quizá cada quince días —no estoy seguro.

Además, sabía por mi experiencia en el monasterio de interrogatorio italiano que algunos paquetes desaparecían. Supongo que muchos terminaban en manos equivocadas. De todos modos, eran verdaderos salvavidas, en el sentido más literal.

También disfrutábamos en Weinburg de instalaciones de lavado decentes, incluyendo duchas, aunque el suministro de agua era limitado y el agua caliente inexistente. "¿Qué esperabas?", oigo decir.

Nuestra estancia aquí fue nuevamente corta, y otra vez algunos fuimos trasladados. A todos nos habían dado una placa metálica con nuestro nombre y número oficial de prisionero. Nunca debía retirarse del cordón que la sostenía y debía llevarse siempre al cuello—bajo pena de muerte.

Ya estábamos bien avanzados en el último trimestre de 1943, y nuestro último viaje en tren nos llevó a Stalag Luft III. Este campo era solo para personal aéreo, y, según nos dijeron, absolutamente a prueba de fugas. Estaba construido al estilo habitual, en un área despejada de los bosques de pinos. Constaba de cuatro sectores. El central era para otras graduaciones. El sector norte, donde estuve, era para oficiales británicos y del Commonwealth. El sector oeste estaba reservado para estadounidenses, y el sector este albergaba las oficinas administrativas y el hospital. Creo que eso es correcto, aunque poco importa. Éramos un grupo de unos cuarenta. Marchamos desde la estación del pequeño pueblo de Sagan hasta las puertas principales del Stalag Luft III. Una maraña de alambradas nos recibió. Entramos por los portones hasta el forelager* entre dos líneas de alambrado y nos detuvimos para ser tratados como ovejas una vez más—y contados. Conociendo algo de la mentalidad alemana, supongo que alguien nos firmó como recibido.

---

* En la jerga militar de la Segunda Guerra Mundial, especialmente entre las fuerzas británicas o de la Commonwealth, un "forelager" hacía referencia a un campamento avanzado o zona de mantenimiento. Proviene del término alemán "Vorlager" (campamento avanzado), pero los soldados angloparlantes lo adaptaron como "forelager".

Capítulo 29

Stalag Luft III - Sagan

Como en los campos anteriores, las noticias se esparcen como un relámpago, y mientras esperábamos, vimos a un pequeño grupo de prisioneros reunirse junto a la puerta interior, listos para recibir a los recién llegados y buscar a alguien conocido. Todos estaban ansiosos por las últimas noticias de la guerra, pero aún no nos permitían mezclarnos con ellos. Un Squadron Leader nos condujo a una barraca con una sala amplia, donde nos pidieron esperar mientras nos entrevistaban individualmente para confirmar que realmente éramos personal de la Fuerza Aérea. Una vez terminada la entrevista, el oficial nos dio una breve charla sobre las reglas básicas de la vida en el campo, y luego a cada uno nos asignaron una barraca y un número de habitación. Voluntarios se ofrecieron para guiarnos: la mía fue la barraca n° 106, aunque no recuerdo bien el número de habitación, aunque sí estaba a mitad del pasillo. Entré y, por suerte, los cinco ocupantes estaban presentes. Nos presentamos.

Había caído en un buen grupo: estaban muy bien organizados —tan organizados como puede estar un prisionero de guerra. Eran prisioneros veteranos, así que nos intercambiamos experiencias. Bob Coste, canadiense que llegó al Reino Unido a mediados de los años 30 y se unió a la RAF como short-service officer. Coste, como los otros oficiales de servicio corto previos a la guerra, fue capturado; Digger Young, australiano; Ian Cross, Squadron Leader e hijo del Air Vice-Marshal Cross; Mickey Rooney, piloto de la Fleet Air Arm, originario de Wigan (no recuerdo si era short-service o permanente); y el quinto era un francés llamado Péronne, de París, que escapó de la Fuerza Aérea francesa en Dunkerque, llegó a Inglaterra y fue incorporado a la RAF. Los cinco fueron derribados a principios de 1940, salvo Péronne que lo fue a finales de ese año, y llevaban unos tres años prisioneros cuando llegué.

Eran despiertos, sensatos y equilibrados, lo que ayudó mucho y me hizo sentir bien recibido sin ser entusiasta. Tuve suerte de conseguir la última litera. Habían pasado por varios campos, y Stalag Luft III aún era relativamente nuevo. Dos o tres habían estado encadenados como castigo, un procedimiento duro que, gracias a Dios, no tuve que sufrir. Coste, Young y Cross habían servido en Wellington; Péronne operaba en misiones especiales en aviones ligeros sobre Francia; y Rooney fue derribado cerca de Calais en un Fairey Battle, un avión tan lento que estoy seguro de que se le podía alcanzar en bicicleta, muy expuesto. A un piloto naval le comenté que ahora los helicópteros son más rápidos que aquellos aparatos, y lo asintió sin pestañear. Este era el estado del Reino Unido al inicio de la guerra.

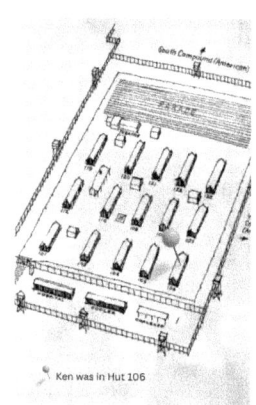

Compuesto Norte, Stalag Luft III. Sagan, Alemania.

Estos serían mis compañeros durante el tiempo que estuviera allí. ¿Cuánto duraría eso? Intentaré describir la vida en mi nueva morada lo mejor posible. Tomé muchas notas, sin orden cronológico, hasta que me fui en enero de 1945.

La palabra alemana para prisionero de guerra es *Kriegsgefangene* — nosotros nos llamábamos "kriegies"; los alemanes eran "goons". Un *Appell** era el pase de lista. Un "ferret" era un guardia que husmeaba para prevenir fugas. Teníamos un experto "Rubberneck". Un "tame

---

* *Appell* era el término alemán para el pase de lista obligatorio en los campos de prisioneros. Se realizaba varias veces al día y consistía en que todos los prisioneros debían formar filas y permanecer de pie mientras los guardias contaban y verificaban su presencia. Estas formaciones podían durar horas, sin importar las condiciones climáticas.

Haz Que Valga

goon" era un guardia sobornado para traer equipos útiles para fugas: radios, tarjetas de identidad, permiso de viaje... Y luego había los perros para rastrear, aliados de los goons. Llamábamos *gen* a noticias confiables (*pukka gen*) o falsas (*duff gen*). Se creó un lenguaje específico del campo, y acabé hablando con acento extraño, algo que luego perdí. La hora del campo iba una hora adelantada: nos levantábamos a las 08:00, no 07:00; el toque de queda era a las 22:00, no a las 21:00.

El comandante del campo, Friedrich Wilhelm von Lindeiner-Wildau, era un alma más gentil que la de los nazis y la Gestapo, pero incluso él fue destituido tras la Gran Fuga. Su adjunto, el capitán Pieber, era estricto pero correcto. Llevaba el registro de los dos conteos diarios y relataba que los americanos eran ruidosos y escupían; los británicos, reservados pero centrados en escapar; y los holandeses, intentando parecer más británicos que los británicos.

Friedrich Wilhelm von Lindeiner-Wildau. Comandante del campo, Stalag Luft III.

El comandante del campo alemán era, según todos los informes, un alma más caballerosa y amable de lo que los miembros del Partido Nazi y la Gestapo hubieran deseado. Vieron su oportunidad de relevarlo de su cargo tras la "Gran Evasión", que se relata más adelante. Su ayudante era otra alma estricta pero inofensiva llamada Pieber, un capitán responsable de los dos conteos diarios en todos los recintos. Escribió un libro sobre su labor en el campo después de la guerra. Describía a los americanos como hombres que se pavoneaban constantemente escupiendo y blasfemando, a los británicos como reservados que se ocupaban tranquilamente de sus planes de fuga, y a los holandeses como intentando ser más británicos que los propios británicos. En fin, esas eran sus impresiones.

El Oficial Británico Superior (SBO) era un Group Captain algo mayor que el personal aéreo típicamente joven. Tenía un puesto de escritorio en un Cuartel General del Mando de Bombarderos, y en honor a la verdad, estaba decidido a experimentar exactamente cómo era una incursión de bombardeo nocturno. Por lo tanto, salió una noche en una incursión de bombardeo y, desafortunadamente, muy desafortunadamente para él, fue derribado. Me imagino cómo maldijo su suerte. Sin embargo, aprendió de primera mano lo que enviaba a los muchachos a hacer cada noche. Tuvo que esperar hasta el final de la guerra para relatar su experiencia, lo que de alguna manera anulaba el propósito del ejercicio. Era un buen tipo al que conocí en un par de ocasiones. Tenía el privilegio de una habitación para él solo, lo que era una bendición mixta. El SBO era el enlace principal con el comandante del campo, con quien tenía numerosas reuniones, durante las cuales hacía lo posible por presentar cualquier objeción sincera que tuvieran los *Kreigies*, en la medida de lo posible. Entendíamos que la relación entre ellos era tan buena como podía esperarse.

Había un Comité de Escape compuesto por evadidos dedicados, en su mayoría individuos con amplia experiencia en la vida carcelaria. Se llamaban a sí mismos "X", y eran bastante poderosos. Si un miembro entraba en tu habitación para pedir una tableta de chocolate de un paquete de la Cruz Roja, una camisa adecuada para teñir, una tabla de la cama, o lo que fuera, mencionaba "X", lo cual era su autoridad. Muchos departamentos trabajaban constantemente en secreto: falsificadores, cartógrafos, sastres, tintoreros, y prácticamente todos los oficios que uno pudiera imaginar. Todos contribuían a promover las fugas. Mineros, topógrafos, carpinteros. Incluso conocí a un tipo que había sido ladrón acrobático antes de convertirse en navegante. La lista era interminable. Un *Kreigie* llamado French-Mullins, apodado "Efffie", tenía aspiraciones de tomar los hábitos, como se dice, así que dirigía un breve servicio religioso cada día, al que todos eran bienvenidos. Aunque asistí un par de veces, nunca pareció haber una gran congregación.

Los *Goons* estaban de servicio a diario y podían entrar en las habitaciones en cualquier momento. En algunas de estas ocasiones, el miembro de "X" sobornaba a un *Goon* con chocolate y cigarrillos, que eran muy codiciados. Una vez que el *Goon* aceptaba un "regalo", se metía en serios problemas, y si se informaba a la Oficina del Comandante de que era culpable de tal ofensa, se le amenazaba con un traslado al Frente Ruso. Ninguno quería eso, así que estaban en problemas desde ambos lados. Esta práctica, conocida como "Goon-baiting", resultaba bastante productiva en lo que respecta al bien común y producía todo tipo de equipo útil.

La alta valla doble de alambre de púas era bastante formidable, y a menudo había garitas elevadas que los *Goons* vigilaban constantemente con ametralladoras. A unos seis metros dentro de la valla principal había un único alambre a unos treinta centímetros del suelo. Se conocía como el "trip wire", y si uno lo cruzaba sin permiso del centinela, se abría fuego. Por lo tanto, siempre se solicitaba permiso para recoger una pelota y cosas por el estilo. En las grandes explanadas, el suelo de bosque de pinos sobre el que se construyó el campo de prisioneros consistía enteramente en arena blanquecina, con una delgada capa de tierra ligeramente más oscura debajo. Esto hacía que deshacerse de la arena extraída de los túneles de escape fuera complicado. Aun así, cuando se construyó un teatro (principalmente por los prisioneros), se incluyó un suelo inclinado ostensiblemente para dar mejor vista al público, pero estaba destinado a convertirse en un escondite para la arena blanca — y funcionó notablemente bien. El transporte de la arena en bolsas con forma de salchicha, ocultas en la pernera del pantalón, continuaba incluso durante las funciones teatrales, a las que siempre asistían oficiales *Goons*. Parte de una fila de asientos hacia la parte trasera del teatro estaba colocada a un lado, revelando así escalones para que los transportadores de arena pudieran bajar y descargar sus cargas.

Aunque todo el campo albergaba a unos 12 000 prisioneros de tripulaciones aéreas, nuestro recinto (el del Norte) tenía alrededor de 1 400. En este teatro, un par de prisioneros comenzaron sus carreras como actores y se hicieron conocidos en obras y películas después de la guerra. Ambos eran pilotos de la Fleet Air Arm. Primero, Rupert (o Pud) Davies alcanzó la fama en la serie de televisión "Inspector Maigret", y el segundo fue Peter Butterworth, que apareció en muchas películas británicas, incluidas las de la serie "Carry On". Otros actores incipientes no llegaron tan lejos en la profesión. Una orquesta de unos diez prisioneros tocaba instrumentos donados por la Cruz Roja. Para aquellos *Kreigies* involucrados en la producción de obras y espectáculos, era una forma ideal de pasar el tiempo, y para quienes solo éramos parte del público, brindaba un entretenimiento excelente. Cuando se requerían disfraces, se confeccionaban con una asombrosa variedad de materiales en el "Taller de Sastrería", cuya labor principal era fabricar ropa de tipo civil y, quizás, algún que otro uniforme alemán, con fines de escape. La regla para los fugados era que, si te atrapaban disfrazado de soldado alemán, no había duda al respecto. Se te consideraba un espía y te fusilaban. Por lo tanto, era un negocio muy arriesgado.

Es difícil comparar la vida de un prisionero de guerra en el Reino Unido con la de su homólogo en Alemania, ya que tengo poco o ningún conocimiento de cómo trataban los Aliados a los prisioneros de guerra en el día a día. Sin embargo, sin duda se puede decir que los alemanes, como captores, eran bastante mezquinos en muchos sentidos. Algunas de sus normas del campo eran miserables y solo servían para hacer la vida mucho más dura de lo necesario. Nunca pude ver justificación alguna para el racionamiento de agua. El suministro de agua se activaba en dos periodos por día, por la mañana y por la noche, para lavarse y ducharse. Todos estaban en un turno de duchas, y tu tiempo bajo el agua estaba cronometrado con precisión. Esto significaba que, si estabas en la fila, te colocabas lo más cerca posible del que se duchaba para recibir cada gota de agua en tu cuerpo. Si tenías un poco de jabón, usabas el rocío para empezar a enjabonarte. Si mal no recuerdo, el tiempo de ducha era entre treinta y cuarenta segundos. Siempre había un "árbitro" de turno, que tenía un reloj y gritaba la orden de cambio exactamente en el momento justo.

También había que lavar los platos durante el periodo de "agua abierta", y llenar ollas para la comida de la noche, además de las tazas de té intermedias. Todo estaba altamente organizado y seguía estrictos turnos. Cada habitación tenía su propio turno semanal para cocineros, lavaplatos, limpiadores, etc.

La electricidad también estaba racionada, y las luces se apagaban a las 9:00 pm (10:00 pm hora del campo). Cocinar, por supuesto, dependía enteramente de si había algo para cocinar. Los alemanes proporcionaban muy poca comida, principalmente patatas hervidas, sopa de verduras aguada y café de bellotas. En ocasiones, recibíamos un pan. Era bastante cuadrado en sección, hecho de una sustancia muy oscura, y espolvoreado por encima con aserrín. Toda la comida se compartía equitativamente entre los ocupantes de la habitación, y cada uno comía lo mismo que los demás. Nunca hubo discusión ni trampas al respecto; al menos, nunca lo viví. Los *Kreigies* tenían su propia especie de Sala de Orden, situada junto a la entrada principal, nuevamente atendida por turnos, y se registraba cada *Goon* que entraba o salía del campo. Si alguien estaba gravemente enfermo, se informaba a la Sala de

Haz Que Valga

Orden, que entonces enviaba un mensaje al Forelager. Con suerte, el *Kreigie* era atendido por un médico, y creo que había alguna barraca-hospital en el Forelager — aunque nunca la vi.

Había un dentista en el campo, un británico llamado Capitán Hooper. Fue capturado en Dunkerque en 1940. Su consulta también estaba en el *forelager*, una habitación desnuda que contenía una silla y un pequeño armario. Encima de este había su patético surtido de instrumentos, que incluía un torno dental. También en este caso, los miserables alemanes solo le permitían trabajar durante una hora y media al día, aunque estoy seguro de que habría dedicado de buena gana todas sus horas despiertas al trabajo. Se le permitía entrar al campo principal cada tarde, supuestamente para ver cualquier actividad deportiva en curso. Escondía uno o dos fórceps entre su ropa y pasaba el tiempo yendo de habitación en habitación, extrayendo dientes a quienes estaban más que dispuestos a deshacerse de piezas problemáticas. Cuando llegué a Stalag Luft III en octubre de 1943, volvía a sufrir de dolor de muelas y, aunque al principio era soportable, se agravó al cabo de un mes. Por tanto, puse mi nombre en la lista para ver al dentista. Esto fue en algún momento de noviembre, y mi turno para ver al Capitán Hooper llegó en agosto de 1944. No existía nada parecido a aspirinas, etc., así que se pueden imaginar cómo me sentía después de esperar nueve meses. Intenté todo lo que pude para aflojar y quizás sacar la muela problemática, pero fue en vano.

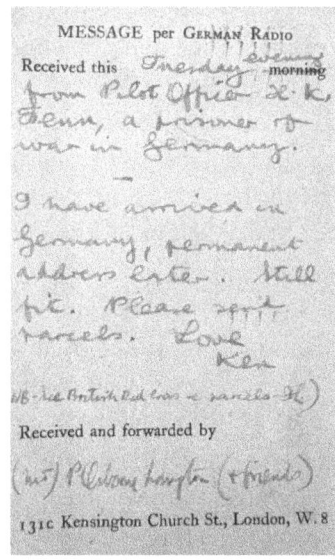

Mensaje de Ken desde Alemania: "He llegado. Estoy bien. Por favor, envíen paquetes. Con cariño, Ken."

Imaginen mi alegría cuando recibí el mensaje de que debía presentarme en la puerta principal para unirme al grupo del dentista. Ese era el sistema. Cada día, un grupo de veinticinco pacientes era llevado, bajo guardia, por supuesto, a la consulta. Como dije, el dentista tenía noventa minutos para atender a veinticinco hombres, así que les dejo a ustedes hacer ese cálculo. Todos nos sentábamos en el suelo alrededor de la sala — un guardia con nosotros y otro fuera de la puerta. Finalmente, tras mucho, mucho, mucho tiempo, me senté en la silla.

"Quítalos todos," dije, ¡y lo decía en serio! "Lo siento — no tengo tiempo," respondió. "¿Dónde está el que duele?" Se lo señalé, y él introdujo el torno y lo hizo girar una y otra vez hasta estar seguro de haber eliminado toda la caries. Puso un empaste de golpe. "¡Siguiente!" gritó.

Estaba en el cielo al haberme librado del dolor de muelas, pero muy decepcionado de seguir con una boca llena de dientes muy deteriorados. Sin embargo, ya estaba en la lista. Conseguí seis visitas más, y cada vez, se me taladraba y empastaba un diente. Por suerte, no volví a tener dolor, pero durante los últimos meses, realmente estuve cerca de la desesperación, como bien pueden imaginar. Tener dolor de muelas durante un fin de semana ya es bastante malo, pero mes tras mes no es ninguna broma. El Capitán Hooper hizo un trabajo extraordinario mientras fue prisionero de guerra, y si algún militar merecía una medalla, era él, y espero que en algún momento se le haya reconocido su labor. Insistió en sus solicitudes a los alemanes para obtener más y mejor equipo, pero fue constantemente rechazado. Hay un apéndice a este episodio, que relataré más adelante.

"Circuit bashing" era el nombre que se daba a caminar alrededor del perímetro del recinto, justo dentro del *trip wire*, y era una actividad que la mayoría de los *Kreigies* practicaban a diario. Ayudaba a mantener un nivel moderado de forma física y también era útil para mantener conversaciones discretas sin ser escuchados. Por tanto, los planes de fuga y todos los asuntos relacionados se discutían de esta manera.

En una de esas caminatas, me topé con mi amigo del 234 Squadron — Rover McLeod, el canadiense que me había evaluado el primer día que me uní al escuadrón. Había tenido problemas en una operación sobre Francia y se vio obligado a saltar en paracaídas. Así que nos reencontramos ocasionalmente y actualizábamos nuestras experiencias. También encontré a varios otros pilotos que había conocido en los escuadrones. Parecía que había pasado mucho tiempo desde los días operativos, y sin embargo, en realidad no tanto, aunque habían sucedido tantísimas cosas desde entonces.

El invierno ya había comenzado, y me preguntaba — como todos — cuántos inviernos más tendríamos que sobrevivir en ese lugar.

Capítulo 30

El Año 1944

La Navidad y el Año Nuevo pasaron sin dejar huella. Lo más importante era seguir con vida, tanto física como mentalmente. Resultaba peligroso pensar demasiado en casa, en los familiares o en los amigos —no es que tuviera muchos—, pero el consuelo del hogar y la vida familiar era innegable. Pasaba largas horas recordando a mi padre, ya fallecido, y deseando que aún estuviera vivo para conocérmelo. Pero todo eso era fruto de la imaginación y, por desgracia, imposible de alcanzar. El recuerdo de una comida favorita nunca desaparecía, y en esa época juré que jamás pasaría frío o hambre —incluso si tenía que robar para lograrlo.

Los paquetes de comida de la Cruz Roja llegaban de forma irregular, y existía la norma de mantener guardados en el campamento unos cuantos por prisionero, por si surgía una emergencia. Eso significaba decenas de miles de cajas, que al final fueron un salvavidas. Un día, los alemanes sospecharon que enviábamos allí material de fuga camuflado en los paquetes. Así que las siguientes entregas se convirtieron en una pesadilla.

Una fila de "Goons" se alineaba tras una larga mesa, con montones de paquetes detrás. Cuando llegaba tu turno, te acercabas con cualquier receptáculo que tuvieras a mano —plato grande, cubo, palangana... El paquete se abría y se volcaban todas las latas. Recordemos que cada alimento era valioso y se saboreaba con tranquilidad. Se abría y examinaba cada lata, luego se vaciaba en tu contenedor. El resultado era una mezcla densa de leche en polvo, leche condensada, sardinas, tocino, galletas duras, margarina, ciruelas pasas, etc. Un sacrilegio. Afortunadamente, no tomaban los cigarrillos. Después, corrías a tu habitación y separabas los trozos sólidos de aquella mezcla asquerosa. Lo único que podías hacer con el resto era calentarlo y beberlo a modo de sopa semisólida.

Tras repetir el proceso un centenar de veces, los Goons se hartaron y empezaron a colar algunas latas sin abrir. Al cabo de dos entregas, no encontraron nada escondido y se canceló el procedimiento. Menos mal. Había habido un desperdicio tremendo de provisiones esenciales, y eso me recuerda un proyecto que tuvimos en una habitación.

Habíamos visto a un gato merodeando por el campamento y surgió la idea de convertirlo en comida. En un principio, nos resultó repugnante, pero al fin y al cabo era solo un animal. Si hablamos de un pollo, un pato o una oveja, no habría problema. Se habrían sorteado roles: uno lo atrapaba, otro lo mataba, otro lo despellejaba, otro lo troceaba, otro lo cocinaba... La idea se derrumbó enseguida, porque, aunque hubo hambre, nadie estuvo dispuesto a matar al gato. Aun así, habiendo pasado hambre a diario, no habíamos llegado al nivel del canibalismo.

La lectura se volvió parte esencial de la rutina. La Cruz Roja había creado una pequeña biblioteca con libros en inglés. Algunos prisioneros más académicos —como Digger Young, que vivía en nuestra habitación— habían empezado estudios médicos, incluso contaban con huesos y un esqueleto de cartón de la Cruz Roja. No sé si continuaron esos estudios después de la guerra. El hambre y el frío del invierno no invitaban a concentrarse en libros, aunque cada persona es diferente.

En cuanto a la ropa, algunos están mejor preparados que otros. Yo apenas tenía ropa de abrigo, porque entré en cautiverio en junio, en el Mediterráneo. Los pilotos de caza volaban sin ropa de abrigo, salvo las botas, mientras que las tripulaciones de bombarderos sí llevaban casacas de cuero tipo "Irvine" y monos completos. En cambio, los de caza habrían aterrizado en pijama si sonara la alarma al amanecer. ¡Un desastre total si aterrizaban de emergencia así!

Cada habitación recibía un pequeño suministro de briquetas de carbón comprimido, que guardamos para calentarla un día. La noticia

Haz Que Valga

del calor corría rápido y atraía visitantes. Una noche, decidimos actuar: Mickey Rooney —el más pequeño de nosotros— entró por una ventana y sacó varias briquetas. Repetimos la hazaña varias noches y escondimos el carbón por toda la habitación. Tuvimos calor un día entero, y la gente seguía preguntando de dónde venía. No lo dijimos.

Pero, como siempre, los Goons registraron la habitación y encontraron el carbón. Después reforzaron la ventana y no volvimos a intentarlo. Fue un impulso moral reciclado a precio alto.

También circulaba por nuestra mesa una tabla Ouija, para adivinar el porvenir. Solo preguntábamos dos cosas: ¿llegaríamos a salir vivos? ¿y cuándo acabaría la guerra? Salían fechas variadas, ninguna real. Pero era inofensivo y mantenía la mente ocupada.

También fabricamos una pequeña lámpara de soldar casera para fundir estaño de latas vacías. El quemador, alimentado con margarina y aire soplado con una pajita, permitía trabajar metales. Algunos hasta hicieron destiladores rudimentarios para producir alcohol de uvas pasas y azúcar. En la Navidad 1944–45, aquello corrió entre nosotros y algunos Goons. Hubo una juerga, vómitos, representaciones de teatro... Los guardias ebrios fueron enviados probablemente al frente ruso. Se supone que allí no volvieron.

En el verano de 1944, celebramos un día deportivo con desfile. Tocar la música irritó a los Goons, que confiscaron los instrumentos. Hubo espectáculos paralelos, siendo el más memorable un "baile de fuego": se encendía un fuego en una trinchera poco profunda y un prisionero cojo lo pisaba con una pierna de palo. ¡Toda la barraca se partía de risa! Exigieron silencio bajo juramento, claro.

Varias fugas fueron planeadas en 1943 y alcanzaron fama mundial posteriormente: el truco del caballito ("the Horse") y los tres túneles llamados "Tom", "Dick" y "Harry". Los *Ferrets* (detectives del campamento) descubrieron dos de ellos, pero el tercero logró completarse. Lamentablemente, su salida quedaba cerca del bosque, y esa noche lograron escapar entre sesenta y setenta hombres antes de que se descubriera. Los alemanes reaccionaron con alarma, y por orden de Hitler, 47 de los evadidos fueron ejecutados, entre ellos Ian Cross, que era mi compañero de habitación. Se erigió un monumento conmemorativo. Ese episodio fue más tarde relatado en un libro y una película titulados "The

Great Escape" (El Gran Escape). Se dice que solo uno de ellos logró llegar a España, aunque no he podido confirmarlo.

Ken en la litera inferior; Ian Cross en la superior derecha. El teniente de vuelo Cross fue ejecutado por orden de Hitler tras fugarse en rl Gran Escape

La comida, por supuesto, seguía siendo escasa, aunque en ocasiones se repartía café de bellota y pan negro. Una gran hogaza de este denso pan podía rendir unas cuarenta rebanadas si se cortaba con sumo cuidado. Las semillas enviadas por la Cruz Roja eran muy difíciles de cultivar en la tierra extremadamente arenosa, pero me dieron mi primera introducción al maíz en mazorca, un alimento que he disfrutado desde entonces. Una de las barracas albergaba un baño comunal: un gran pozo de ladrillo con largos troncos de pino a ambos lados. Había que equilibrarse con cuidado para colocar el trasero en el lado opuesto del tronco. ¡Volver a lo básico!

A veces, dos miembros de la Gestapo visitaban el campamento y exigían pasar lista. Durante la inspección, caminaban lentamente entre las filas de prisioneros, observando cada rostro. Esto era, como poco, aterrador, y algún que otro compañero era retirado sin volver a aparecer jamás. Hablar de desear que la tierra te tragara no era una exageración. Así era como nos sentíamos todos.

El hogar y la familia estaban constantemente en mi mente, y me preguntaba sin cesar si volvería a verlos. De vez en cuando nos daban postales para escribir a casa, por supuesto censuradas, igual que las cartas que recibíamos. No sé cuántas cartas me enviaron, pero sí sé que recibí muy pocas. A veces, algunos compañeros recibían cartas "Dear John", lo que podía tener consecuencias devastadoras. Para quien no conozca el término, una carta "Dear John" era escrita por una esposa, prometida o novia informando al prisionero de que había iniciado una nueva relación. Algunos podían comprenderlo, pero no dejaba de ser cruel. También existían cartas de odio, y yo recibí una de una fuente sorprendente: alguien que opinaba que no era justo que yo estuviera "holgazaneando" en un campo de prisioneros mientras otros luchaban por su país. Perturbador, sin duda, aunque al final atribuí la carta a la arrogancia e ignorancia de quien la escribió.

El West Compound, que albergaba a tripulaciones aéreas estadounidenses, también tenía instrumentos musicales. Un día, organizaron un concierto desde su lado del alambre. Tocaron un repertorio al estilo Glenn Miller muy popular, y cientos de prisioneros nos reunimos a disfrutarlo desde nuestro lado. A los guardias de la torreta no les gustó nada y abrieron fuego con una ametralladora. Nunca habrás visto desaparecer a una multitud tan rápido. Por suerte, nadie resultó herido, pero fue una muestra más de su empeño en arruinar cualquier momento de alegría. Siempre me pareció una gran pena que a los oficiales no se nos permitiera trabajar. Habría aliviado el aburrimiento y ofrecido la oportunidad de participar en sabotajes, como tantas veces hicieron los soldados rasos trabajando en fábricas, carreteras o vías del tren.

Conocí a un navegante de Yorkshire (lo cual no es una crítica a ese condado), que se había autoconvencido de que la vida como prisionero era preferible a participar en incursiones de bombardeo, que normalmente aterraban a quienes participaban. Estaba, por tanto, razonablemente satisfecho con su situación. No creo que mantuviera esa opinión una vez de vuelta en el Reino Unido. De hecho, me lo encontré años más tarde en Blackpool, donde era gerente de una tienda.

Terminaré este capítulo de 1944 con la noticia más sobresaliente del año. Es imposible describir la alegría que sentimos al enterarnos que el

Segundo Frente habia iniciado la invasión de Normandía en junio de 1944. Fue el mayor impulso moral que vivimos. Recibíamos boletines regulares de las radios secretas, que unos cuantos prisioneros transcribían y repartían de barraca en barraca. Yo mismo confeccioné un mapa del norte de Francia y actualizaba la línea de frente conforme avanzaban los Aliados. Fue una noticia tremenda y dominó nuestras conversaciones.

Los bombardeos de ciudades alemanas, especialmente Berlín, eran también motivo de alegría. Aunque uno pensaba en los civiles, sabíamos que era el camino hacia el final. Al fin y al cabo, era cada uno por su cuenta, y ellos habían empezado la guerra.

La pregunta ahora era: ¿Lograremos sobrevivir al resto de la guerra? Sería terrible haber llegado tan lejos y no volver al Reino Unido por algún motivo. Desde ese momento, la vida tomó un cariz ligeramente distinto.

Haz Que Valga

ESTA PÁGINA ESTÁ DEDICADA AL
COMPAÑERO DE HABITACIÓN DE
KEN EN STALAG LUFT III,
EL TENIENTE DE VUELO IAN CROSS,
QUIEN LAMENTABLEMENTE FUE
EJECUTADO POR ORDEN DE HITLER.

Capítulo 31

En Marcha de Nuevo

E l invierno de 1944/45 parecía más frío que nunca. Seguíamos usando toda la ropa que teníamos puesto antes de meternos en la cama, y yo mantenía mis ejercicios de caminata tanto como me era posible. Para entonces, los rusos avanzaban desde el Este y los Aliados desde el Oeste. Entendíamos que los rusos habían alcanzado el río Oder, a unas treinta o cuarenta millas de nosotros. Los rumores abundaban, pero escuchábamos con atención cuando el "Kreigie" venía a la barraca con los últimos boletines. Todo esto hizo que pareciá bastante probable que los rusos pudieran liberarnos, y nuestro futuro se veía realmente precario.

Bien conocíamos las sorpresas típicas de los alemanes —y esas sorpresas nunca nos favorecían a nosotros. Nunca se daban razones para esas decisiones inesperadas, y nos quedábamos completamente a oscuras. Las noticias sobre los avances Aliados eran alentadoras, pero, como siempre, no sabíamos nuestra posición respecto a posibles movimientos o liberación. Jamás, ni en nuestros sueños más salvajes, esperábamos la sorpresa que nos anunciaron a principios de enero de 1945. Se anunció un "appell" inmediato por los altavoces. Todos nos formamos rápidamente, y el Oficial Superior Británico nos habló. No podíamos creer lo que oíamos. Nos íbamos a mover —los doce mil de nosotros— y teníamos veinticuatro horas para prepararnos. Nos aconsejaron empacar nuestras

Haz Que Valga

pertenencias personales y efectos para la partida. Comida y ropa —nada más importaba. No tratar de cargar con demasiadas cosas —solo lo esencial.

Con ese propósito, el almacén de paquetes del Cruz Roja quedó abierto para que todos pudieran servirse. Como dije, cada paquete pesaba unas diez libras, así que no podíamos llevar muchos. Todos comimos de buena gana y nos preparamos. Los cigarrillos eran relativamente ligeros de transportar, y teníamos una excelente provisión en nuestra barraca. Bob Coste venía de una familia acomodada canadiense, que le había estado enviando toneladas de cigarrillos Caporal mentolados durante meses, con la esperanza de que llegase al menos un diez por ciento. Era regla en nuestra habitación que todos ayudáramos a hacer el reparto, lo cual hicimos, pero aún quedó contenido suficiente para declararlo de puerta abierta, y como puedes imaginar, pronto desaparecieron. Hoy se hace gran publicidad sobre los efectos catastróficos del tabaco, pero entonces proporcionaban consuelo y mitigaban el hambre, así que tenían beneficios indudables. Me dediqué febrilmente a empacar lo más adecuado que pude.

La nieve cubría el suelo, y el frío era intenso. Mi gran problema era el calzado, y me preguntaba cuánto podría resistir antes de tener que caminar descalzo. Entonces me fabriqué una especie de trineo. Usé las patas traseras de una silla, y sobre esa base lo monté, cargándolo con lo que creí suficientemente ligero para tirar sin que se destrozara. Al día siguiente estaba listo. Creo que nadie durmió en toda la noche; pasamos el tiempo planificando nuestra marcha —una marcha hacia dónde, y por cuánto tiempo —nadie lo sabía. Nos formaron en columnas de cinco en fila, con los guardias armados caminando a cada lado, unos veinte metros de distancia. Y así terminó nuestra vida en Stalag Luft III.

Éramos todos tripulación aérea y, como tales, probablemente más en forma que la mayoría de los soldados. Sin embargo, la gente varía en condición física y capacidad mental para sobrevivir a condiciones tan duras. No es cuestión de jactarse de haberlo logrado —algunos lo hacen, otros no.

Más tarde, entendimos que de los 1200 hombres de nuestra Compañía Norte, unos 200 cayeron en el camino —literalmente. Las pobres almas simplemente dijeron basta y se acostaron en la nieve a morir. Realmente no podías ayudarles; no había fuerza para cargar a un compañero. Me he preguntado muchas veces desde entonces cómo habría soportado la tortura, como algunos desafortunados. Concluí que habría cedido bastante pronto, pero entonces no lo sabes.

No me preguntes cuántos días y noches duró esta primera marcha —no tengo idea—todo parecía una pesadilla interminable. De vez en cuando, se detenía la columna para descansar, y uno simplemente se sentaba donde podía.

Muchos años después, en los últimos cinco años, Betty y yo fuimos de viaje en autocar a Southsea, cerca de Portsmouth. Una noche tomamos un taxi y le pedimos al conductor que nos llevara a un pub antiguo en el área del dique. Sentado al final de la barra había un parroquiano evidente, y al ser bastante charlatán, entabló conversación. Había estado en la Fuerza Aérea, pero no participó en operaciones. La conversación reveló que yo había sido tripulante aéreo y había pasado un par de años como prisionero, acabando en Stalag Luft III. "No me digas que estuviste en la Marcha de la Muerte?", preguntó. Le conté dónde había estado, pero nunca lo había escuchado llamado así. Sin más, me estrechó la mano y me invitó una pinta. Dijo que otro cliente del pub había estado en la misma "Marcha de la Muerte" —y quizás apareciera más tarde. Pero no lo encontré; sigamos con la historia.

Sé poco de nuestra ruta, pero recuerdo haber pasado por una pequeña ciudad llamada Darmstadt, y creo que fue allí donde sucedió algo sorprendente. Pronto descubrimos que nos detenían por la noche, y un centenar o así nos llevaron dentro de un edificio. Nos ordenaron entrar, y lo que vimos fue un milagro. Estábamos en una fábrica de vidrio, y los hornos aún estaban calientes. El calor fue una absoluta delicia, y nos acostamos en el suelo. Yo todavía tenía conmigo una pequeña lata de tocino hervido, que a veces se encontraba en los paquetes de la Cruz Roja británica. La coloqué en el horno grande y la vigilé celosamente hasta que se calentó. ¡Qué increíble manjar! Jamás lo olvidaré. Aquella noche, todos dormimos bien.

En una noche posterior, otra cosa extraña sucedió. Estábamos de nuevo en marcha y, debo decir, para entonces nuestros guardias alemanes habían empezado a ceder en sus funciones. Eran mucho mayores que nosotros y, créase o no, no soportaban las condiciones tan bien como quienes habíamos sobrevivido hasta ese momento.

No tenía sentido intentar escaparse en esas condiciones invernales.

Haz Que Valga

El sentido común nos decía permanecer con la columna a la espera de tiempos mejores. Sin embargo, hubo un rápido deshielo en esa noche o atardecer mientras marchábamos. Trajo bendiciones adulteradas. Superar el frío era fabuloso, pero mi trineo pronto se convirtió en una carga. Lo estaba arrastrando por caminos donde la nieve ya se había derretido. Persistí y resolví cambiar mi modo de transporte en la primera parada al amanecer. Lo hice. Pero esa noche de deshielo permanece en mi memoria como puro y completo trabajo esclavo, interminable. Descargué mis escasas pertenencias, manteniendo la manta y la comida restante, y luego pateé el fiel trineo hacia la cuneta. Me había servido bien, pero todo tiene un fin. Los Oficiales alemanes encargados de la operación pasaban en motocicletas y sidecar, descansando seguramente en confort. ¡Por supuesto que lo hacían!

Esa noche de deshielo fue probablemente la peor de toda la marcha, y aunque lo diga yo, fue pura determinación la que me mantuvo en pie. A la mañana siguiente, tras la cálida experiencia en la fábrica de vidrio, un sueño relativamente bueno y algo de comida, estábamos en mucho mejor ánimo y, en cierto modo, preparados para el día que venía.

Por alguna razón conocida solo por los "Goons", el contingente americano se había separado y había sido enviado en otra dirección. Años más tarde, escuché que terminaron en Moosburg, pero no lo sé con certeza. Después de esta prueba, y una vez terminada la guerra, se requería cierta mentalidad para analizar todo el episodio vivido. En ese entonces no tenía deseo de hacerlo; por eso escribo ahora solo lo que puedo recordar, lo cual supongo es un auténtico memorial.

Durante la marcha, o caminata sería término más preciso, el compañero inmediato cambiaba constantemente. Algunos quedaban atrás, otros pasaban adelante, pero había poca conversación. Me había quedado muy delgado en el campo de prisioneros, y ahora, como puedes imaginar, estaba bastante raquítico. Aún se produjeron abandonos —Dios sabe qué les pasó.

Hubo un sorprendente final para esta primera fase del camino desde Stalag Luft III. No me preguntes cuánto habíamos caminado ni cuánto tiempo nos llevó —no tengo la menor idea— pero entramos en una pequeña ciudad y nos sorprendió hallar que nos detenían camino a una estación de tren. "Oh, cielos, no otra vez", pensé. "No esos horribles vagones de ganado."

Como en todas las paradas de la columna, nos sentamos en la carretera sobre nuestras maletas y esperamos el siguiente movimiento. Me senté y pensé en la situación presente. Seguro que estar en un vagón de ganado sería mejor que estar siempre de pie; al menos sería más cálido, e incluso se podría descansar. Así que, de algún modo, fue un placer subir al vagón de nuevo.

Pero la pregunta sin respuesta permanecía: ¿Cuánto tiempo estaríamos en los vagones y cuál sería nuestro destino? Pensamos que el viaje era solo para mantenernos alejados de las fuerzas aliadas avanzando. El tren arrancó y, como antes, se detenía con frecuencia. Finalmente, el viaje terminó y partimos de nuevo a pie. Era de día, y nos vimos acercándonos a la vista familiar de otro campo de prisioneros.

Era un campo llamado Marlag Und Milag Nord, diseñado para el personal naval capturado y situado cerca de Bremen. Habíamos viajado desde Sagan, al sur de Berlín, hasta el noroeste de Alemania. Era un campo mucho más pequeño, y nos asentamos allí. Los paquetes de la Cruz Roja volvieron a circular —un salvavidas— y descansamos y comimos tanto como fue posible. Imagino que ya estábamos en marzo de 1945. Pero ¿y el futuro? ¿Qué sorprendería luego?

Capítulo 32

Descansa y da Gracias

El tiempo había mejorado mucho y las noticias del frente eran buenas. El final de la guerra parecía estar a la vista, así que todo lo que teníamos que hacer era sentarnos y esperar, y asegurarnos de seguir vivos cuando llegara la liberación. Pero no era tan fácil como eso. Probablemente fue unos diez días después cuando la noticia llegó de nuevo como una sorpresa repentina. Esta vez teníamos dos días de aviso para prepararnos para movernos. ¿Acaso no terminaría nunca esta horrible guerra?

Me puse manos a la obra de inmediato y reuní artículos para construir, si era posible, un pequeño carro. Me apresuré a buscar por todos los rincones del campo y finalmente conseguí un pequeño baúl de té y algo de madera, y me sorprendió encontrar una vieja máquina de escurrir ropa. De ella saqué una rueda y un eje, y seguí buscando otra rueda. Me encantó encontrar otra —no del mismo diámetro, pero ¿a quién le importaba?—. Hice mi carro de dos ruedas torcidas. El baúl de té tenía suficiente espacio para llevar el equipaje de dos personas, así que recluté a otro Kreigie para que se uniera a mí, y acordamos tirar del carro en días alternos. ¡Maravilloso! Sentía que ahora podía enfrentar lo que viniera.

El breve descanso había terminado, y estaba agradecido por estar bien. Mi nuevo compañero era un artillero aéreo, y aunque estuvimos constantemente juntos día y noche durante los siguientes dos meses, no puedo recordar su nombre ni de dónde venía. Así es la vida y el olvido, pero nos acompañamos en la siguiente etapa.

A la hora señalada, la columna volvió a ponerse en marcha. Las horas de luz se alargaban, y al acercarnos a la primavera, el clima era notablemente más suave, aunque había bastante lluvia. La rutina era sencilla. Caminábamos desde el amanecer hasta el anochecer con paradas ocasionales, pero al acercarse la oscuridad nos deteníamos, y allí pasábamos la noche. Por lo general, los guardias se volvían más laxos y eran reemplazados ocasionalmente. En una ocasión, el guardia junto a nuestra sección particular de la columna desapareció y fue reemplazado por un típico joven rubio de ojos azules que había sido piloto de caza en la Luftwaffe. Había sido derribado y se había lesionado una pierna. Era un hombre autoritario, lleno de opiniones propias, que nos consideraba la escoria de la tierra y siempre llevaba el fusil listo, dando la impresión de estar dispuesto a disparar a cualquiera que no le agradara. Me mantuve lo más lejos posible de su vista. Pero en esas circunstancias no tardó en darse cuenta de que sus heridas le estaban causando problemas, y en cuestión de días se bajó de su pedestal y se volvió algo más amistoso, como la gran mayoría de los guardias. Aunque recibían comida regularmente, parecían sufrir más que los prisioneros.

La disciplina se relajó considerablemente, y hubo muchos casos en los que un prisionero ayudaba a un guardia llevándole el fusil. Increíble, pero cierto. A veces nos deteníamos medio día o así, y en esas ocasiones los prisioneros aprovechaban cada oportunidad para robar artículos y alimentos de los campos y granjas. Se conseguían coles sueltas y patatas de esta forma, especialmente porque la mayoría de las noches se nos ordenaba dormir en los campos. Sorprendentemente, en una ocasión se robó un cerdo, se mató y se descuartizó en un abrir y cerrar de ojos. Otra vez, se robó un carro de granja y un grupo de prisioneros lo arrastraba alegremente con su equipo encima. ¡Incluso los guardias cercanos pusieron sus mochilas y fusiles en el carro! Se estaba convirtiendo en el circo de Fred Karno. Pero como de costumbre, las alegrías terminaron, y pronto volvimos a la normalidad.

Mi compañero y yo teníamos cada uno una manta; dormíamos espalda contra espalda y cabeza con pies, compartiendo las dos mantas. Era miserable cuando llovía por la noche, pero sobrevivimos. La ruta nos llevó por Hamburgo. Hamburgo había sufrido muchos bombardeos, y al atravesar la ciudad, la población no ocultaba su odio hacia nosotros. Seguramente les alegraba el corazón ver una columna interminable de tripulaciones británicas y aliadas, sucias y desaliñadas, caminando lentamente ante ellos. Gritos, escupitajos y lanzamiento de objetos se volvieron parte regular de nuestro avance por la ciudad.

Pasamos por Hamburgo y seguíamos rumbo al este hasta que finalmente llegamos a las afueras de Lübeck, en el mar Báltico. Allí nos detuvimos por última vez, y nuestra sección en particular —supongo que dos o trescientos— se estableció en una gran finca agrícola. De nuevo tuve suerte y conseguí un espacio en el piso superior de un granero. El lujo de dormir sobre heno seco es evidente. Con el tiempo, todo se secó, y estuvimos mucho más cómodos. La vida pasaba lentamente hasta finales de abril, cuando llegaron noticias de que el fin de la guerra era inminente. Los ánimos se elevaron, y la vida se volvió mucho más llevadera. Pude asearme en gran medida, aunque lavar la ropa era un problema. No recuerdo la situación alimentaria mientras vivíamos en la finca. Los guardias, si es que aún se les podía llamar así, se habían rendido y trataban de hacerse amigos de nosotros —¡cómo habían cambiado las cosas! Llevábamos mucho tiempo en movimiento, y desde que salimos de Stalag Luft III, ¡habían pasado cuatro meses increíbles! Aparte de períodos esporádicos como los trayectos en vagones de ganado, un breve periodo en Marlag Und Milag Nord, y algunas noches en la fábrica de vidrio y luego en un granero, habíamos estado a la intemperie día y noche. Las noches eran generalmente bastante miserables, especialmente cuando llovía, y a menudo recordaba a mi abuela diciéndome que no debía usar ropa húmeda ni sentarme o acostarme sobre suelo mojado. Buen consejo, sin duda, pero no parece que me haya afectado lo más mínimo.

En el granero de nuestro último lugar de parada, recuerdo haber sentido un movimiento por la cara y la cabeza durante la primera o segunda noche, pero lo atribuí a arañas u otras criaturas similares. Sin embargo, estaba tan desesperadamente cansado y agotado que lo ignoré. Con el tiempo, me di cuenta de que mi cabeza estaba en una ruta de ratas, así que me moví para que mis pies estuvieran donde antes estaba mi cabeza, y el problema quedó resuelto.

Las noticias de la guerra seguían llegando y eran cada vez mejores. Estábamos acostumbrados a que circularan rumores, así que todo se recibía con cierta cautela. Aun así, empecé a hacer planes, y los pensamientos sobre el hogar y la familia se volvieron más frecuentes y emocionantes. ¿Cómo estarían todos en casa? ¿Qué había pasado exactamente durante los últimos dos años? De nuevo, anhelaba hablar con mi padre a mi regreso, y parecía que, a medida que pasaban los años, lo echaba más y más de menos. Esto no disminuía, por supuesto, el amor que sentía por mi madre, mi abuela y mi hermana, pero poder hablar con un hombre era algo distinto. Aun así, eso ya no podía ser, y tenía que acostumbrarme. Éramos una familia pequeña, y anhelaba verlos a todos. Todavía estaba muy lejos de casa y resolví no correr riesgos ni hacer nada estúpido. Estaba descansado, emocionado y con ganas de avanzar.

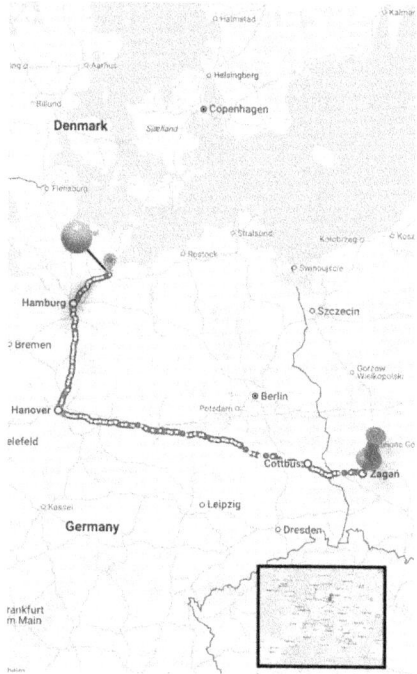

Marcha forzada hacia la libertad. Según nuestra mejor información, esta es la ruta que tomó Ken entre enero de 1945 y mayo de 1945.

Capítulo 33

Liberación

Todos conocen la palabra liberación... ¿o no? Existe la liberación del pensamiento, la liberación de las palabras, de la moral, de los actos y del comportamiento. Luego está la liberación de un captor que tenía control absoluto sobre tu vida y tu bienestar. Mirando hacia atrás, durante los dos últimos años no lo habíamos pasado tan mal como otros. Tengo un amigo holandés que, a los diecinueve años, fue capturado por los alemanes en Ámsterdam mientras trabajaba para el activo movimiento clandestino en Holanda. Fue inmediatamente sacado del país y pasó cuatro años en el célebre campo de concentración de Buchenwald... ¡y sobrevivió! Desde el final de la guerra y su regreso a su país natal, ha dedicado la mayor parte de su tiempo libre a recorrer su país dando charlas a todo aquel que quisiera escuchar, desde escolares hasta ancianos. El tema de todas sus charlas era: "Los malditos alemanes". ¿Y quién podría culparlo?

Así fue como llegó la liberación: en forma de punta de lanza de tropas avanzadas del Regimiento de Cheshire. Todos nos agolpamos alrededor de nuestros visitantes, y un capitán del ejército se subió a su vehículo y nos informó que avisaría de inmediato a su cuartel general y que garantizaba que organizaría transporte y que nos sacarían de allí en un plazo de cuarenta y ocho horas.

Entre los que iban en el vehículo de exploración de nuestros libertadores estaba otro hombre llamado Frank Wright, y supe de esto unos veinte años después, cuando lo conocí. Esta es la coincidencia que mencioné en el capítulo 16. Resultó que Frank Wright estuvo presente en los muelles del puerto de Bône, en el norte de África, y vio el Spitfire solitario que yo pilotaba. Me vio perseguir al bombardero italiano, que logró lanzar una bomba justo sobre el buque de la Royal Navy "Ajax". Frank Wright no solo fue uno de mis libertadores; también me había visto intentar detener al bombardero italiano, y recordaba bien el incidente.

Pasadas 48 horas, no había señal alguna de los camiones prometidos por el capitán del ejército, y decidí tomar cartas en el asunto. En retrospectiva, fue algo imprudente —exactamente lo que había dicho que no haría—. Una línea de frente en avance es algo bastante fluido, muy cambiante. Un día, un territorio puede estar en manos aliadas y al siguiente, de nuevo bajo control alemán. Sin embargo, en ese momento no pensé en ello. Tenía pocas o ninguna pertenencia más allá de la ropa que llevaba puesta. En ese momento, vestía un pantalón caqui americano, una camiseta blanca sucia y un par de botas enormes, todo lo cual había adquirido por diversos medios. Ciertamente, no tenía medio de identificación excepto la placa militar colgada al cuello que mostraba mi número de prisionero. Aun así, estaba decidido y emprendí la marcha. Solo pensaba en ir hacia el oeste. Vestido como estaba, era bastante probable que cualquier soldado de cualquier bando me disparara sin preguntar. Las tropas de primera línea, fuesen del bando que fuesen, eran de gatillo fácil y disparaban primero y preguntaban después. Pero tuve suerte mientras caminaba por un camino rural. Supongo que habré recorrido unos ocho kilómetros cuando vi acercarse un vehículo tipo jeep. ¿Qué debía hacer? Decidí seguir caminando, esperando que quien fuera me ignorara. No fue así. El vehículo anfibio tipo jeep, alemán, se detuvo. Sus ocupantes eran un oficial alemán y un conductor alemán. Eran soldados de primera línea y estaban armados. No tenían idea de quién era yo. Supongo que parecía más un campesino que otra cosa. Estaba asustado y esperé el siguiente movimiento. Lo que ocurrió fue absolutamente increíble. Aún lo recuerdo con claridad.

Ambos bajaron del jeep y se acercaron a mí. El oficial, créanlo o no, me saludó. Aunque las fuerzas británicas no saludan si no llevan tocado, devolví el saludo. Seguramente, pensé, no estarán rindiéndose. Pero lo estaban. Señalé sus revólveres e hice un gesto para que me los entregaran. Obedecieron.

Puse las armas en el asiento delantero del vehículo, me volví hacia ellos y dije: "British Kriegerfarganer", señalando el camino por donde había venido. Se fueron a pie. Solo puedo suponer que, como muchos otros, estaban felices de salir de la guerra. Me subí al jeep, lo di la vuelta y seguí mi camino con el corazón ligero. Una historia asombrosa, sin duda.

Seguí con mi viaje, esperando que nadie disparara contra mí ni contra mi vehículo alemán. Supuse que era blanco de ambos bandos, ya que no llevaba uniforme. Pero, una vez más, la suerte me acompañó. Al ver los mapas ahora, mi episodio como conductor no duró mucho, pero en aquel momento me pareció un largo trayecto. Llegué a Luneburgo, donde vi unos grandes cuarteles que ya habían sido ocupados por los británicos. Entré por la puerta principal y encontré la sala de guardia. Les dije quién era y pedí una cama para pasar la noche. Me la concedieron de inmediato, estacioné el jeep, cené y, agotado de nuevo, me acosté y dormí hasta la mañana siguiente.

Al despertar, pensé en pedir algo de desayuno y luego seguir mi viaje hacia el oeste. Todo iba bien. ¿O no? Debo mencionar aquí que mi estómago se había encogido considerablemente, por lo que solo podía comer pequeñas cantidades. Esta situación persistió durante bastante tiempo tras la liberación y mi eventual regreso al Reino Unido.

Salí del edificio para subir a mi vehículo. ¿Qué vehículo? ¡Alguien se lo había llevado! Regresé de inmediato a la sala de guardia para informar del incidente. Fue en vano; se había ido. Un oficial en la sala me informó que un tren militar de la estación local salía rumbo a Bruselas. Eso es para mí, pensé, y pedí indicaciones para llegar a la estación. Llegué justo demasiado tarde. El tren había partido. Más tarde supe que el tren había colisionado de frente con otro, ¡y murieron más de cien soldados!

Salí de la estación, encontré la carretera correcta para salir del pueblo y empecé a hacer autostop. Finalmente, se detuvo un pequeño camión. A bordo iban dos soldados británicos que me preguntaron adónde iba. "A Bruselas", respondí. "Súbete", dijeron, "allí vamos nosotros". Me llevaron todo el camino. ¡Más suerte! Les conté de inmediato que era un prisionero de guerra liberado. Mostraron simpatía. No sé qué trabajo hacían, pero parecían bien informados. Me dijeron que conocían dos lugares en Bruselas, bastante próximos entre sí, que sin duda me interesarían. Eran el Club de Oficiales de la RAF y un Centro de Recepción establecido en un hotel para prisioneros de guerra escapados y liberados. Elegí ir al Club de la RAF, y así lo hicieron, pero primero me mostraron dónde estaba el Centro de Recepción. ¿Te imaginas mi suerte al encontrarme con estos dos?

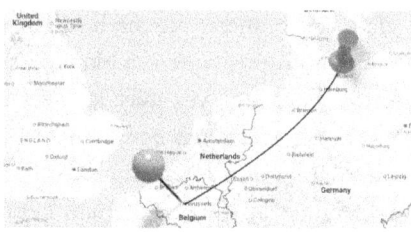

Viaje de Ken desde Lübeck hasta Bruselas

Entré en lo que parecía un magnífico lugar señorial y fui recibido por un aviador que estaba en un escritorio en el vestíbulo. Le expliqué quién era, y me creyó sin dudar. "El bar y el restaurante están arriba", dijo. Así que subí. Aún iba vestido como un trapo, pero no me importaba. Entré en una gran sala, me detuve un momento y miré alrededor. Había una gran cantidad de oficiales en sus mejores uniformes azules, acompañados de sus damas.

Se dice a menudo, probablemente como un hecho estadístico, que solo entre un diez y quince por ciento del personal de cualquiera de los tres cuerpos militares llega a estar involucrado en batallas, sean en tierra, mar o aire. Al mirar alrededor, pensé que esos eran del otro 85 o 90%. La suerte del destino, supongo —como un tipo que conocí años después en Blackpool que había sido capitán del ejército y pasó toda la guerra en Grange-over-Sands y Windermere. ¿Envidia? Tal vez.

Volviendo al entorno inmediato. Me acerqué al bar y le dije al cabo camarero quién era. Él lo repitió a un oficial que estaba un poco más allá en la barra, quien se acercó de inmediato y me estrechó la mano. "Denle un gin-tonic al oficial", le dijo al camarero. Nunca había probado un gin-tonic, y me pareció delicioso. Antes de darme cuenta, ya había media docena alineados sobre la barra. Varios oficiales se acercaron a preguntarme qué me había pasado y dónde había estado. Durante esas conversaciones, apareció un plato de bocadillos, junto con un paquete de cigarrillos y una caja de cerillas. Estaba completo, y probé todo lo que había, probablemente con cierta avidez, pero ¿por qué no? La vida —en ese momento— era excepcionalmente buena. Tened en cuenta, sin embargo, que solo había probado el alcohol dos veces antes en mi vida. Una vez fue una botella de vino local argelino barato en la Nochebuena de 1942, y la otra fue una especie de licor de pasas —elaborado en Stalag Luft III— también en Navidad, pero de 1944.

Esto explica por qué —mucho antes de terminar los seis gin-tonics— me hundí silenciosamente en un sillón y me deslicé fuera de la conciencia. ¿Qué más podía desear? Mis nuevos amigos me dejaron cortésmente soñar mis sueños, y desperté en las primeras horas de la mañana. El camarero había recibido instrucciones de quedarse conmigo hasta que me recuperara, cosa que hizo, y me condujo a una habitación donde me volví a dormir.

La siguiente vez que desperté, había bastante actividad en el Club, y encontré a un oficial que parecía formar parte del personal permanente. Le agradecí a él y a sus colegas por la hospitalidad y le dije que pensaba que sería mejor ir al Centro de Recepción de Prisioneros de Guerra, con la esperanza de asearme y conseguir ropa limpia. El oficial pensó que era una buena idea y dijo que sería bienvenido cuando regresara. Le di las gracias de nuevo y me fui.

Pronto encontré el Centro de Recepción, que me habían señalado los dos soldados británicos que me llevaron a Bruselas. Entré y fui recibido y sinceramente acogido por un oficial del ejército en un escritorio en el vestíbulo. Me dijo que no había formalidades, salvo proporcionar mi número, rango y nombre. Luego me llevó a una sala donde me entregaron ropa interior y un uniforme de campaña del ejército: chaqueta, pantalones, calcetines y botas. Me mostró el baño y la habitación, que estaban a mi disposición durante el tiempo que deseara. El comedor, me dijo, estaba abierto para comidas ligeras las veinticuatro horas del día. Cada mañana, me explicó, llegaba un camión alrededor de las 8:30 a.m. para llevar a los recién llegados al aeródromo para ser trasladados al Reino Unido.

¡Qué servicio! ¿Pero lo quería? Me di un buen baño largo y me afeité, luego me vestí y bajé al comedor. Tomé un refrigerio ligero y salí a dar una vuelta por las calles.

¡Liberación y libertad! Estaba en la cima del mundo, y lo que es más, no quería bajarme de esa cima —al menos no todavía—. Volví al Club de la RAF y fui recibido de nuevo con calidez. Era ya temprano por la tarde, y me ofrecieron comida. Sabía que no podía comer mucho, así que acepté de buen grado un bocadillo. Las bebidas seguían siendo gratuitas, y aunque tuve un pequeño remordimiento por no tener dinero, no dejé que me afectara demasiado. Seguramente ya había pagado por adelantado todo lo que viniera. Disfruté de la charla y me encontré bailando con una mujer. No podría decir nada más sobre ella. No sé quién era, ni me importaba. Todo era muy agradable. Durante uno de esos bailes, vi a un tipo que me resultaba vagamente familiar. Estaba algo desaliñado, y hablé con él. Era otro Kreigie. "¿Stalag Luft III?" pregunté. "Sí", dijo, "acabo de llegar". Le conté que yo había llegado un par de días antes —cuántos exactamente, no podía decir—, y me pasó por la mente que ya no sería el "tema del momento". Había perdido mi ventaja y me pregunté cuánto tardaría en llenarse el lugar de muchachos del Stalag Luft III.

Más tarde esa noche, regresé al hotel de recepción y me fui a la cama. A la mañana siguiente, me levanté, me lavé, me afeité, desayuné y salí del lugar antes de que llegara el camión. Supongo que sabían lo que estaba haciendo, pero no me molestaron. Pasé otro día agradable y, una vez más, terminé en el Club. La hospitalidad no parecía disminuir, pero resolví que a la mañana siguiente estaría listo para el camión de las 8:30. Había disfrutado de mi tiempo en Bruselas, pero tenía ganas de volver a moverme, lo cual ocurrió tras una estancia de cuatro o cinco días allí. Fue un buen ejercicio de rehabilitación —un proceso que duró más de lo que esperaba—. Hoy en día, llaman a esa condición "trastorno de estrés postraumático" y hacen mucho ruido al respecto, pero en 1945, la rehabilitación dependía enteramente de uno mismo —había que seguir adelante, por así decirlo—. El camión de las 8:30 llegó puntual, y subí a bordo.

Capítulo 34

Rumbo a Casa

Supongo que éramos unos seis en el camión. Todos vestíamos igual, con los uniformes que nos habían entregado en el hotel de recepción, pero parecía que yo era el único miembro de la RAF. Los demás eran soldados del Ejército, provenientes de varios campos de prisioneros de guerra. Llegamos a un aeródromo y allí, en la pista con los motores en marcha, había un bombardero Lancaster. Un miembro de la tripulación nos fue marcando en una lista de nombres, y a mí me indicaron que me dirigiera a la nariz del avión, donde me recosté para observar el despegue. Bastante interesante, ya que era significativamente más lento que un Spitfire. Así que me recosté en la nariz y observé el paisaje mientras pasaba, y mis pensamientos se dirigían a Gran Bretaña, a Inglaterra y al hogar. De nuevo, deseaba poder volver a casa y hablar con papá.

Estábamos cruzando el Canal de la Mancha cuando un miembro de la tripulación me trajo una copia de una revista llamada *Picture Post*. Ya no existe, pero era un periódico que, según creo, se publicaba cada quince días y consistía enteramente en fotografías con leyendas explicativas. Sin artículos, según recuerdo. Abrió la revista en una página y comentó que estaba seguro de que las fotos me interesarían mucho. Y así fue. Muchísimo. Había una serie de fotos que mostraban a prisioneros de guerra regresando y siendo recibidos con entusiasmo por jóvenes y atractivas enfermeras de la Cruz Roja. ¡Cuánto ansiaba el abrazo amoroso de una mujer! En realidad, si he de ser sincero, ¡ansiaba muchas cosas! Devoré el contenido del *Picture Post* y me quedé allí, mirando y soñando.

Cruzamos la costa sur de Inglaterra, y todo parecía tan pacífico. Mi mente estaba en paz. Por enésima vez, agradecí a Dios estar entero y de regreso en el Reino Unido. Por desgracia, me esperaba una pequeña decepción temporal. Aterrizamos en la base RAF de Cosford, situada entre Telford (en Shropshire) y Wolverhampton. Bajé del avión con entusiasmo y caminé hacia las damas de recepción. A medida que me acercaba, mi entusiasmo decayó un poco cuando me recibió una enfermera de la Cruz Roja que debía tener bien pasados los sesenta años. Me ofreció la mano y dijo: "Bienvenido a casa, joven. Por favor, sígame". ¡Adiós a la bienvenida del *Picture Post*!

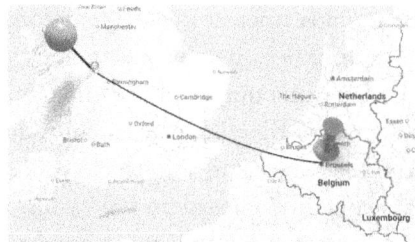

Último tramo del viaje de Ken de regreso al Reino Unido

Me preguntó por mi salud mientras caminábamos hacia un gran hangar. Lo que siguió fue muy sorprendente. Nunca había conocido una organización así en la RAF. Se había pensado y preparado mucho para el Centro de Recepción de Prisioneros de Guerra que regresaban. Era increíblemente eficiente. La enfermera me llevó a un escritorio dentro del hangar y luego se fue. Me hicieron las preguntas de rigor: número, rango y nombre. Luego siguió una serie de exámenes médicos, cada uno especializado en una parte distinta del cuerpo. El último fue un dentista que, tras su examen, dijo: "Te han empastado dientes en Alemania". Sí, respondí, "tengo siete empastes".

Los empastes contenían elementos tóxicos y los dientes debían ser extraídos de inmediato. Me dio una hora para regresar por la tarde.

Haz Que Valga

La siguiente etapa del proceso fue una mesa larga con una media docena de mujeres del Servicio Auxiliar Femenino de la RAF, todas con equipo de costura, y con estanterías llenas de uniformes y ropa de la RAF. Verificaron mi nombre, rango y número en una lista y me entregaron un equipo completo. Todos los muchachos del Ejército se habían ido a otra parte, así que solo quedábamos una docena de aviadores. Me probé los pantalones, la blusa y la gorra, y cualquier ajuste necesario se hacía de inmediato. Tomé la ropa interior y, según las instrucciones, fui a ducharme y a cambiarme del uniforme del Ejército al equipo de la RAF. Volví a la mesa de costura. Todo estaba listo, y mis galones de Teniente de Vuelo, mis alas de piloto y mis cintas de medallas ya estaban cosidas. ¡Qué sistema tan maravilloso!

Entregué el equipo del Ejército y me tomaron una fotografía. La etapa final fue una entrevista con el MI5, los del Servicio Secreto, quienes principalmente querían saber dónde había estado y si podía dar nombres de alemanes responsables de atrocidades de algún tipo.

Terminada la entrevista, me dirigieron al comedor de oficiales, donde se me asignó una habitación y se me informó que el comedor estaba abierto día y noche, lo que me permitía comer cuando quisiera. Las comidas, de nuevo, eran del tipo ligero, ya que sabían que era lo único que podíamos tolerar. Todo el procedimiento de recepción tomó sorprendentemente poco tiempo, a diferencia del funcionamiento habitual que solía implicar largas esperas.

Volví al dentista, quien realizó un examen minucioso y determinó que la situación no era tan grave como pensó inicialmente. No recuerdo si me dijo que tendría que perder cuatro dientes y podría salvar tres, o al revés. Extrajo el número necesario y me pidió que volviera al día siguiente. Todo era tan distinto del dentista del Stalag Luft III, el capitán Hooper, quien, si recuerdan, trabajó en condiciones muy difíciles.

El resto del día transcurrió agradablemente, y a la mañana siguiente me entregaron una tarjeta de identidad, con fotografía incluida, un libro de pagos, algo de dinero, una cartilla de racionamiento y un billete de viaje a cualquier destino del Reino Unido que especificara. Las llamadas telefónicas eran gratuitas y no estaban racionadas. Solo quedaba una segunda visita al dentista y una breve entrevista para determinar si tenía algún problema con el que pudieran ayudarme. Me concedieron un mes de permiso y tuve que decidir qué función quería desempeñar hasta que se produjera mi desmovilización. Podía elegir entre administración, oficial de almacenes y suministros, control de vuelos u oficial de transporte mecánico. Pensando en la posible obtención de gasolina, que aún estaba severamente racionada, elegí esta última. Recibiría mi destino más adelante.

Después del dentista, recogí mi billete de tren y me informaron que todos los trenes del país tendrían algunos compartimentos reservados exclusivamente para prisioneros de guerra que regresaban. Otro golpe de genialidad. Era muy cierto que uno tenía poca o ninguna conversación con civiles —uno se sentía muy retraído y ajeno en su compañía—. Un folleto con consejos sobre cómo tratar a un ex prisionero y qué tipo de comportamiento esperar de él fue enviado a mi casa. Este folleto incluía recomendaciones sobre comidas pequeñas y frecuentes, falta de conversación y un impulso por trasladarse a otro lugar cada pocos días. Todo eso era cierto.

Mandé un mensaje a casa usando el teléfono de un amigo, indicando en qué estación de Blackpool llegaría y a qué hora. Emprendí así la última parte de mi viaje.

Capítulo 35

Por Fin en Casa

El tren llegó a la estación central de Blackpool, y mientras caminaba por el andén, vi a mi madre esperando entre un pequeño grupo de personas en la barrera. No somos una familia demostrativa y, aunque sinceros, el reencuentro fue acorde a ello. Mi madre, por supuesto, estaba muy preocupada por mi estado físico que, aparte de haber perdido una cantidad considerable de peso, estaba bien. En realidad, estaba bastante en forma, y mis problemas, si es que pueden llamarse así, eran mentales. Tal vez parezca extraño para el lector, y sin duda es una confesión terrible, pero recuerdo muy pocos detalles de mi llegada a casa y de ver al resto de nuestra pequeña familia. Mi mente estaba llena con el conocimiento de que, por fin, realmente estaba en casa, pero no recuerdo ninguna conversación. Extraño, pero cierto.

La casa no había cambiado. Había estado fuera por un período cercano a los tres años. Mi licencia de embarque antes del viaje a Argel fue en septiembre de 1942. Mi hermana, Kathleen, se había casado en 1944, habiendo decidido, con toda razón, que no tenía sentido esperar hasta el final de la guerra, que, por supuesto, era una incógnita. Puede resultar interesante mencionar aquí que, debido al severo racionamiento, las comidas en los restaurantes, aunque muy básicas, estaban limitadas a un coste de cinco chelines por persona (25 peniques), y que las recepciones de boda también estaban limitadas a veinte invitados. Por tanto, toda la recepción costó la majestuosa suma de cinco libras. Sydney se había unido al hogar y fue, sin duda, una incorporación muy bienvenida.

El folleto sobre los prisioneros de guerra que regresaban explicaba que estaría inquieto y con deseos de partir hacia otros lugares hasta que me asentara mentalmente. Esto resultó ser cierto, y cada pocos días sentía la necesidad de salir hacia algún sitio. Debí de causar gran preocupación a mi familia, pero no tenía otra opción.

Mi amigo Douglas, por supuesto, seguía volando con la RAF y, tras un grave accidente aéreo en Normandía, recibió un largo tratamiento por una lesión en la columna. Sin embargo, en ese momento estaba dando instrucción en una Escuela de Formación de Vuelo de Servicio en Millfield, cerca de Berwick-on-Tweed. Logré visitarlo, y fue un reencuentro excelente. Pudo obtener permiso para que volara con él en un avión de entrenamiento estadounidense Harvard, y nunca olvidaré el inmenso placer que sentí al volver a tener los controles en mis manos. Por desgracia, después de dos días, tuve una necesidad incontrolable de volver a moverme. El mes de permiso pasó volando, y llegó mi destino. Se me ordenó presentarme en RAF Tilstock como Oficial de Transporte Mecánico. Tilstock está en Shropshire, justo al sur de Whitchurch. Allí había cierta actividad aérea, pero no recuerdo de qué tipo. En cualquier caso, yo no participaba en ella. Asumí mis funciones y me uní a un Sargento de Vuelo con mucha antigüedad, algunos otros sargentos y cabos, y aproximadamente una docena de conductores. Fue, comparado con mis responsabilidades anteriores en la RAF, bastante mundano y algo aburrido, pero la vida en el comedor de oficiales era buena. Supongo que debí de hacer un trabajo razonable, ya que después de un tiempo me destinaron a una estación mucho más grande. Era la RAF Crossby-on-Eden, situada cerca del pueblo de Longton, al norte de Carlisle. Era el mismo tipo de trabajo, pero con mayor volumen.

Pero, antes de que terminara mi licencia en casa, y dado que el próximo capítulo trata bastante sobre la rehabilitación, interrumpiré la narración para contar un incidente que, en su momento, me pareció gracioso. Sin embargo, puedo imaginar que quienes no habían estado en el Servicio no compartirían mi opinión. Me invitaron a asistir a una pequeña ceremonia en mi antiguo lugar de trabajo antes de la guerra, la oficina del Fylde Water Board. Durante la guerra, los empleados contribuían a una colecta periódica para crear un fondo destinado a obtener y/o comprar artículos adecuados para formar paquetes de consuelo que se enviaban a los empleados que estaban en el Servicio. Como no había direcciones disponibles para el Sr. L ni para mí, el dinero que se habría utilizado para nuestros paquetes fue reservado y finalmente se usó para comprar Certificados Nacionales de Ahorro a nuestro nombre. El propósito del acto era, por tanto, entregarnos nuestros certificados. No recuerdo el valor de los certificados, pero fueron muy bien recibidos.

La reunión se celebró en la sala de juntas, y se pronunció un discurso dándonos la bienvenida a casa. Todo muy agradable. Me entregaron mi obsequio primero, y espero haber hecho un discurso breve y apropiado de agradecimiento. Luego, el Sr. L, que había regresado de un lugar remoto en el Lejano Oriente el día anterior, recibió el suyo. Su discurso fue breve y directo: "Muchas gracias por los certificados", dijo. Y añadió: "Pero tendréis que disculparme —me tengo que largar, voy a una boda". Allí, la rehabilitación no parecía necesaria.

Capítulo 36

Rehabilitación y la RAF

Pronto me adapté a mi nuevo trabajo, pero aún me molestaba esta incapacidad para estabilizarme psicológicamente. Esto quedó evidenciado cuando, en una ocasión, molesté enormemente a mi sargento. Entró en mi oficina agitando un papel: era una orden para entregar una máquina quitanieves Dodge canadiense a las autoridades civiles en Northolt, en el área metropolitana de Londres. Quería ser él quien la entregara, pero le dije que lo haría yo. Era un miembro permanente de la Fuerza Aérea y se enorgullecía de su habilidad para conducir todo tipo de vehículos —grandes y pequeños— y el quitanieves era, sin duda, un vehículo grande. Obviamente, no pensaba mucho de mí por tener un rango superior al suyo, y emprendí el viaje con aquel armatoste. Al llegar a la cima de Shap Fell, quedó claro que el vehículo perdía agua, y tuve que detenerme regularmente para rellenar el radiador. Llamé a casa y pasé la noche allí, y al día siguiente continué mi viaje.

Me aburrí mucho con su mal funcionamiento y decidí pasar por Tilstock un día o dos. Allí dejé el vehículo con mi antigua Sección de Transporte Mecánico, junto con los documentos correspondientes, e instruí que lo repararan y luego lo entregaran en Northolt. Volví a Crosby en tren. Seguía de mal humor y, tras mucho pensarlo, decidí solicitar volver a volar. Descubrí que para lograrlo debía comprometerme por dieciocho meses adicionales. Me parecía perfecto, y en cuanto a mi completa rehabilitación, probablemente fue una de las mejores decisiones que tomé. Me ordenaron asistir a una entrevista en el Cuartel General de la RAF en Bushy Park, en la zona de Teddington, cerca de Twickenham.

Fui entrevistado por un Wing Commander que, curiosamente, conocía todo sobre Linosa, pues había estado destinado en Malta un tiempo y dijo que había sido responsable de alertar a la Marina, que organizó una pequeña fuerza de desembarco para rescatarme de la isla. Pero, como ya mencioné, un reconocimiento aéreo había visto los restos de mi Spitfire y supusieron que no podía haber sobrevivido al aterrizaje forzoso. Por tanto, instruyeron al grupo de desembarco que regresara a Malta.

Sin embargo, fue una entrevista agradable y me preguntó qué avión me gustaría pilotar ahora que regresaba al aire. Ya lo había pensado y, recordando mi experiencia con aviones monomotores, dije que me gustaría cambiar y tal vez volar el De Havilland Hornet. Eran cazas monoplaza, bimotor, versiones reducidas del Mosquito. Bastante rápidos con sus dos motores Merlin. Me dijo que lo organizaría, pero considerando que no había volado en un par de años y que no tenía experiencia con aviones bimotor, me daría unas horas de instrucción dual en un Mosquito y, para ello, me destinaría a RAF Linton-on-Ouse, cerca de York. Partí de regreso a Crosby-on-Eden en tren. Imagina mi sorpresa al enterarme de que me habían vuelto a trasladar. Mi supuesta pericia como Oficial de Transporte Mecánico debía haberse difundido —no sé por qué— y me habían destinado a York como nuevo Oficial de Transporte Mecánico de Grupo. Era un puesto para un Squadron Leader, pero como era de esperar, seguía siendo Flight Lieutenant —¡y mi sueldo seguía igual!

Al llegar al Cuartel General del Grupo, descubrí que no había alojamiento en el comedor de oficiales, o mejor dicho, había poco, y estaba reservado para oficiales de rango mucho más alto que yo. Me dieron una lista de nombres y direcciones de personas que ofrecían alojamiento y comida, y salí en bicicleta a elegir uno. Descarté los primeros a simple vista y finalmente elegí una casa bastante agradable, donde fui aceptado como huésped. Resultó que vivían allí tres mujeres: dos hermanas, una de ellas casada con un aviador canadiense que esperaba regresar a Canadá. La otra hermana era viuda y su hija de dieciséis años era la tercera persona. Me cuidaron muy bien, y pasamos buenos momentos.

Como oficial, debía comprar mi propio uniforme, y como los pantalones y la blusa que me dieron en Cosford no eran realmente de etiqueta, compré un uniforme de segunda mano. Llevaba las alas de piloto y el rango correcto, y eso era todo. No me molesté en colocar las cintas de las medallas, lo cual fue, aparentemente, un error. El grupo de oficiales en la sala de espera, tomando algo antes de la cena, era bastante distinto del habitual. Al ser el Cuartel General, abundaban los oficiales de alto rango. Llevaba poco tiempo allí con una cerveza cuando un Wing Commander se me acercó e informó que el Air Commodore deseaba hablar conmigo.

Supuse que era por ser una cara nueva y que querría saber qué hacía en su Cuartel General. Seguí al Wing Commander. "Flight Lieutenant", dijo, "¿acaso no tiene derecho a usar cintas de medallas?" Respondí que sí, a lo que ordenó que apareciera la noche siguiente con ellas cosidas. Conseguí las cintas y encontré a una amable integrante del Servicio Auxiliar Femenino que me ayudó con la costura. Me presenté al Air Commodore la noche siguiente. "Así está mejor, Flight Lieutenant", dijo, "úsalas siempre y siéntete orgulloso de ellas." "Sí, señor", respondí y me retiré.

La vida en el Cuartel General del Grupo era agradable, y mi personal consistía en un sargento y un auxiliar administrativo. Disponía de un coche con chófer cuando lo necesitaba. Quizás mi supuesto éxito como Oficial de Transporte Mecánico se debiera a que decidí desde el principio hacer el trabajo a mi manera. Pensé que, con la guerra en Europa terminada, se debía proponer un plan a los oficiales de estación de Tilstock y Crosby para eliminar del inventario todos los vehículos poco usados, salvo los requeridos para emergencias como incendios o ambulancias. Esto fue bien recibido, así que continué revisando las listas de vehículos en cada estación bajo mi responsabilidad. Envié listas actualizadas a cada comandante de estación y esperé sus respuestas. Curiosamente, fueron mayormente aceptadas. El sargento también me dijo que debía visitar estas estaciones de la RAF en el Grupo e inspeccionarlas.

Esto también era un trabajo encantador. Me llevaban en coche a la estación que eligiera y me presentaba en la sala de guardia. Luego me dirigía a la Sección de Transporte Mecánico, donde normalmente se me unía el ayudante de estación, quien se mostraba ansioso por hacer la inspección lo más breve posible y me informaba de que había almuerzo disponible. Íbamos al bar, tomábamos unas cervezas y luego almorzábamos. Después, hacía unos comentarios amables, me despedía y regresaba a York algo mareado. Enviaba un informe a mi superior indicando que había visitado la estación. Como dije, la vida era agradable, pero aún deseaba volver a volar cuanto antes. No tuve que esperar mucho, y llegó mi destino a Linton-on-Ouse para unas horas en un Mosquito.

Nunca recibí esa instrucción, ya que llegó otro traslado, no a un escuadrón de Hornets, sino a un escuadrón en RAF Horsham St. Faith, cerca de Norwich. Al llegar, encontré que el escuadrón tenía una estructura bastante peculiar. Tenía unos pocos Spitfires, un par de Hawker Henleys, uno o dos Oxford y un pequeño Miles Magister.

Las funciones del escuadrón eran de cooperación, es decir, una especie de unidad para todo. Y ahora, mirando atrás, ocurrió algo curioso. Aparte del breve vuelo con Douglas en Millfield, no había volado en más de dos años, pero nadie parecía saberlo, ya que me habían destinado como piloto experimental de Spitfire. Supongo que sentí cierta aprensión al subirme al Spitfire para mi primer vuelo. Pero fue como si nunca hubiese dejado la cabina, y despegue sin problemas. Mi deber era volar de ida y vuelta sobre un recorrido específico a lo largo de la costa de Norfolk a una altitud y velocidad precisas. Esto servía para que los artilleros en tierra practicaran con sus predictores. El predictor era un dispositivo electrónico bastante primitivo que, al apuntar al avión, mostraba su rumbo, altitud y velocidad. Esta información se transmitía al artillero, que operaba un cañón antiaéreo Bofors con proyectiles programados para estallar a cierta altura. El hecho de que en estos ejercicios no se dispararan proyectiles era, por decir lo menos, tranquilizador.

Después de una hora, regresaba a la base. Hice saber que deseaba cualquier tarea que me diera más tiempo de vuelo. Esperaba ampliar mi experiencia volando en el bimotor Oxford o el Anson —este último utilizado por mucho tiempo para entrenar navegantes—. Pero no fue posible. La única otra tarea que obtuve fue volar el Hawker Henley. Era el mayor monomotor, muy poco potente y avanzaba pesadamente. Tenía un gancho en la cola para remolcar una diana. Me explicaron cómo despegar y soltar la diana antes de aterrizar. Supongo que el cable de remolque tenía unos cuarenta y cinco metros. Antes de aterrizar, uno volaba bajo junto a la pista, soltaba la diana y, en el siguiente circuito, aterrizaba.

Salí con el Henley, recogí la diana y fui seguido por un par de Spitfires en prácticas de tiro. Estos eran pilotos en entrenamiento operacional, y estaban, por supuesto, muy entusiastas, especialmente porque iban armados. Al regresar, se inspeccionaba la diana para contar los impactos. Encontré que era un trabajo desagradable. Los pilotos de Spitfire eran traviesos y no siempre atacaban desde el ángulo adecuado, sino a veces desde directamente atrás. Les advertí por radio que, si continuaban con esa tontería, soltaría la diana en cualquier lugar para protegerme. La guerra había terminado, y no iba a ser derribado a estas alturas. Al volver a la base, les daba una buena reprimenda y les decía que si seguían así, me negaría a servirles de blanco. Aun así, disfrutaba de la práctica de vuelo y logré ir a casa un par de semanas. De pronto, llegó otra orden de traslado. Esta vez debía presentarme en RAF Burtonwood, cerca de Warrington, para ser enviado al extranjero.

Solo tardé unos segundos en convencerme de que eso no lo iba a permitir, así que fui de inmediato a la oficina de órdenes y pedí a un auxiliar que me pusiera en contacto con el Ministerio del Aire, sección P2, la encargada de asignaciones de oficiales. Di mi número, rango y nombre, e informé que era un prisionero de guerra repatriado y que no había estado el tiempo reglamentario en el Reino Unido, por lo tanto, no podía ser destinado al extranjero. Les dije que esperaría su respuesta.

La respuesta llegó enseguida. Apenas había regresado a la oficina de vuelo cuando llegó un mensaje: el Flight Lieutenant Cam debía presentarse de inmediato en la oficina del comandante de la estación. Eso sí que fue una reacción rápida, y me sentí complacido de haber actuado tan pronto. Me hicieron pasar a la oficina del comandante, y al saludar, lo reconocí. Había sido Wing Commander en Stalag Luft III. ¡Genial!, pensé.

Habló con tono severo. "¿Así que usted es el oficial que se tomó la libertad de llamar al Ministerio del Aire?" "Sí, señor." "Bien, Flight Lieutenant, está destinado —proceda. Retírese." Y eso fue todo.

Haz Que Valga

Era evidente que no se me permitía hablar, así que saludé y me fui. Bastante molesto, volví a la oficina de vuelo. La fecha de llegada a Burtonwood me daba un par de días en casa, así que empaqué mi equipo y partí. Así terminó mi etapa en Horsham St. Faith.

Capítulo 37

De Nuevo en Movimiento

Había disfrutado mis dos días en casa, y mi nuevo cuñado dijo que me acompañaría en mi coche hasta Burtonwood y luego regresaría a Blackpool, donde le dije que era libre de usar el coche durante mi ausencia.

Me dejó en la entrada principal —entré, y él dio la vuelta para volver a casa. Me registré y confirmé que mi destino era RAF Udine, cerca de Treviso, en el noreste de Italia. La ruta designada era viajar en tren hasta Euston, luego a Dover, cruzar el Canal hasta Calais y de ahí por MEDLOC*. Ahora bien, la palabra *MEDLOC* eran unas siglas cuyo significado hace tiempo olvidé, pero era un tren militar que iba de Calais a Treviso, luego descendía por la costa este de Italia pasando por Rímini, cruzaba el país hasta Roma y finalmente a Nápoles. Después regresaba por la misma ruta. Circulaba día y noche, pero no paraba en estaciones convencionales; se detenía en puestos de alimentación del ejército. Todos bajaban para asearse y alimentarse, y luego el tren reanudaba el viaje. Era un trayecto bastante fatigoso.

Sin embargo, abordamos el tren en Warrington, y me encontré a

---

* *MEDLOC* era la ruta y el procedimiento oficiales utilizados para evacuar a los soldados heridos de los teatros de guerra activos (especialmente en Europa) de regreso al Reino Unido para tratamiento y recuperación. Significaba "Medical Location".

cargo de un grupo de aviadores —un Sargento de Vuelo, un par de Sargentos y Cabos, y una docena de soldados. Una vez que el tren partió, entregué los documentos al Sargento de Vuelo y le informé que estaba a cargo del grupo, para luego dejarlo completamente solo. Cruzamos Londres y abordamos el tren hacia Dover. Es una confesión, pero después de eso, nunca volví a ver al grupo. Siempre supuse que llegaron a su destino —pero, sinceramente, no me importaba. Éramos un grupo de cuatro o cinco oficiales, todos pilotos, y procuramos que el viaje fuera lo más cómodo posible. Fue en este trayecto cuando aprendí a jugar al *solo*.

Pasamos la noche en el Castillo de Dover, nada menos. Cruzamos el Canal al día siguiente y abordamos el MEDLOC. Era ya finales de noviembre o principios de diciembre de 1945 cuando desembarcamos en Treviso y nos llevaron en camión a nuestro nuevo aeródromo en Udine.

El escuadrón necesitaba pilotos de Spitfire, así que ese era el motivo de nuestra llegada. Nos dijeron que el Mariscal Tito, el autoproclamado dictador de Yugoslavia, comenzaba a afirmar su autoridad, y nuestro trabajo era sobrevolar ese país para "mostrar la bandera" y dejar constancia de nuestra presencia.

En nuestro tiempo libre, hicimos un viaje a Venecia, donde nos alojamos en un hotel requisado —el más lujoso de la ciudad por aquel entonces. También intenté esquiar en Cortina, pero resultó una pérdida de tiempo para mí. Un intento de practicar ese deporte muchos años después fue igualmente infructuoso.

Justo antes de Navidad, llegó una orden para dejar en tierra todos los Spitfires y reequiparnos con aviones Mustang de North American. Me pareció un caza muy agradable de volar y bastante rápido. Seguimos con la misma tarea.

Un día, el Jefe de Escuadrón se me acercó y me preguntó si quería pasar la Navidad en Londres. Sin dudarlo, acepté, y entonces dijo que montaría tanques de combustible auxiliares en dos Mustangs, y lo intentaríamos.

Despegamos los dos rumbo aproximado a París. Llevábamos ya un buen rato volando cuando me llamó por radio: "¿A qué altura están los Alpes?", preguntó. Rebusqué en mi memoria de geografía escolar. "A unos diecisiete mil pies", le dije, y pregunté: "¿No tienes un mapa?" Dijo que sí, y lo levantó hacia la cúpula de la cabina. Era, créanlo o no, un *Boots Diary*, ¡y toda Europa cabía en una página de unos ocho centímetros cuadrados! Puedes imaginar lo que pensé, pero no dije nada. A medida que volábamos hacia el noroeste, el tiempo empeoró y volábamos prácticamente entre nubes. Poco después, y por mutuo acuerdo, dimos la vuelta y aterrizamos en Udine, sin mucho combustible restante. Así terminó el viaje a Londres por Navidad.

Entramos en el nuevo año cuando el escuadrón fue disuelto. La jerarquía consideró que la tarea estaba cumplida, y todos los pilotos fueron destinados a Villach, Austria, para su posterior redistribución. Allí nos unimos a otros pilotos de Spitfire de otra estación austríaca. No teníamos nada que hacer salvo esperar nuevas órdenes. Villach era un pueblo pequeño, y en el hotel local —el Hotel Poste— conocí a Ivy Benson y su Banda Femenina. Pasábamos allí todas las noches antes de regresar a nuestra residencia. No pasó mucho tiempo hasta que colgaron una Lista de Destinos en el tablón de anuncios. Todos los pilotos fueron asignados, excepto un tal Syd Walker y yo. Fue allí donde conocí a mi amigo Johnny Woodside, con quien luego estaría destinado. Hubo una gran fiesta en el comedor la noche anterior a que todos partieran, y al día siguiente se notaron ciertos destrozos.

Syd y yo recibimos una factura por los daños, la cual desechamos de inmediato, informando al oficial encargado del comedor que debía dividir la factura entre todos los implicados si quería cobrar. Nunca supimos más del asunto. Dos días después, llegaron nuestras órdenes. Mi destino era Abu Sueir, en Egipto, para esperar instrucciones del Cuartel General Aéreo de Jerusalén, y el de Syd también. Volvimos a subir al *MEDLOC*, y al llegar a Rímini, decidimos bajarnos y pasar un par de días allí. Así lo hicimos y luego seguimos hacia Roma, donde tomaríamos un vuelo hacia Egipto.

Al llegar a Roma, nos llevaron al hotel requisado para oficiales, un establecimiento de cinco estrellas llamado Hotel Reale, donde nos reunimos con el resto de los chicos de Villach destinados a Oriente Medio. El procedimiento era que cada día debíamos contactar con el aeropuerto para ver si había plazas disponibles en los vuelos hacia Egipto. Nos asignaron un número de prioridad, aunque no era de los más altos. A nosotros nos venía perfecto, y lo pasamos de maravilla en Roma. Créelo o no, dejamos de consultar si había plazas durante varios

Haz Que Valga

días. Mi amigo Johnny estaba allí, y yo seguía con Syd, así que éramos bastante felices. Cada noche íbamos a un restaurante cercano y comíamos lo mismo. Los precios estaban regulados y eran sorprendentemente bajos. El primer plato era espaguetis con mantequilla y queso parmesano.

Seguía medio pollo, luego un filete con varios huevos fritos encima. Todo, por supuesto, regado con vino. Después, caminábamos hasta un club nocturno cercano llamado *Colibrì*, donde permanecíamos hasta altas horas. ¡Una vida lujosa! Pero todo tiene su fin, y nos cansamos de Roma. Finalmente, un grupo de unos seis conseguimos sitio —creo— en un DC3, donde todos íbamos sentados en el suelo. En ese viaje atravesamos una tormenta eléctrica, lo cual no fue nada agradable.

Estuvimos en Egipto solo un par de días cuando llegó mi destino: RAF Ein Shemer, cerca de Haifa, en Palestina (ahora, por supuesto, Israel). Johnny fue asignado al mismo escuadrón (Nº 32), y Syd fue destinado a Chipre. Nunca nos preguntaron por la demora en nuestra llegada, así que todo estuvo bien. En Ein Shemer, volví a volar el Spitfire Mark IX —un avión excelente.

Debo decir que, tras la guerra de 1914-1918, Gran Bretaña recibió un mandato para gobernar y administrar Palestina, función que venía cumpliendo desde inicios de los años veinte. El Ejército estaba presente y la Policía Palestina Británica controlaba el país según lo estipulado en el mandato. Este especificaba, entre otras cosas, que la inmigración a Palestina debía estar estrictamente limitada. Pero, y era un gran "pero", los judíos europeos, que habían sufrido atrocidades bajo el régimen de Hitler, estaban decididos a tener un país propio y a establecerse en Palestina.

Sus antepasados procedían de allí, y con ese objetivo utilizaron todos los medios posibles para llegar desde Europa continental a Palestina. Sin embargo, Gran Bretaña debía cumplir con los términos del mandato hasta 1948. Puedes imaginar a los judíos sin hogar zarpando desde lugares como Marsella en todo tipo de embarcaciones. Cada barco iba abarrotado de gente. Se desató una especie de guerra.

La Marina Real patrullaba a unos ciento sesenta kilómetros de la costa palestina en busca de estos barcos de inmigrantes. Los abordaban pese a la feroz resistencia, intentando devolverlos. Los bombarderos de la RAF patrullaban a unos ochenta kilómetros, y nosotros patrullábamos la costa. Aquellos que lograban llegar eran interceptados por el Ejército Británico y hechos prisioneros. Cuando nosotros, en nuestros Spitfires, detectábamos un barco de inmigrantes, informábamos de su posición y volábamos bajo para intentar estimar cuántos llevaban a bordo. Esto, por supuesto, era imposible, y recibíamos salvas de disparos. Naturalmente, la jerarquía decidió que no nos proveerían de munición. Supongo que lo mejor que podíamos hacer era sacarles la lengua.

Era una guerra curiosa, y muchos murieron en ambos bandos. Nuestro aeródromo era atacado constantemente con fuego de mortero y fusil. El llamado enemigo había estado, hasta poco antes, en nuestro mismo bando contra un enemigo común: Hitler. Así que no era una guerra, sino una acción policial contra quienes en ese momento infringían la ley. Nosotros, los británicos, debíamos seguir cumpliendo con la administración del Mandato otorgado hacía treinta años.

Mi humilde opinión, incluso hoy, es que los judíos se equivocaron al entrar en masa en Palestina diciendo que ese país les pertenecía y que ahora se llamaba Israel. El Mandato terminó el año siguiente a mi salida (1948), cuando llegaron por miles. Los árabes que compartían la tierra con algunos judíos desde tiempos bíblicos —y antes— fueron expulsados de partes de Palestina o confinados en campos de refugiados, donde algunos permanecen hasta hoy. La invasión por parte de los judíos y su intento de dominar inició un conflicto entre judíos y árabes que aún continúa, cincuenta años después. Parece haberse creado un problema sin solución.

Así que este era ahora mi nuevo trabajo: una especie de policía aérea en patrulla constante. También patrullábamos la frontera con Siria, donde igualmente recibíamos disparos desde el otro lado. No me preguntes por qué; pregunta al Ministerio de Asuntos Exteriores. Otra ruta de patrulla era a lo largo del oleoducto, que estaba tendido sobre tierra y se extendía desde Haifa hasta Bagdad.

Capítulo 38

Incidentes en Palestina

Encontré la vida en Palestina bastante agradable, y una vez más disfruté enormemente volar. Parecía que me sentía tan cómodo en la cabina de un Spitfire como en tierra. Nos manteníamos ocupados con nuestras tareas, pero me presentaron el juego del squash, al que me aficioné de inmediato y jugaba dos veces al día. También había tenis disponible, y lo disfrutaba mucho. Todas estas comodidades, por supuesto, se encontraban en el aeródromo, y estábamos más o menos confinados al campamento. Era peligroso caminar por fuera, ya que algunos jóvenes judíos disparaban al ver un uniforme. Sin embargo, logré ver partes de Haifa, Jerusalén, Jericó, Belén y Nazaret, y también nadé en el Mar de Galilea. Todos eran nombres muy conocidos desde la juventud, y el único lugar con acceso restringido era Jerusalén, que estaba llena de cercas de alambre de púas. Nunca visitaba ninguno de estos lugares solo, y siempre estábamos atentos a cualquier suceso inesperado. Pero, por suerte, nunca fui abordado ni atacado.

Ken en Palestina, 1947

El turno de Oficial de Guardia llegaba ocasionalmente. Significaba estar apostado en la entrada de la Guardia durante un período de veinticuatro horas, asegurándose de que todos los guardias salieran a tiempo y estuvieran correctamente en sus puestos. Algunos eran guardias solitarios en puestos alrededor del perímetro del aeródromo. Al visitarlos, me fascinaba observar a la enorme mantis religiosa devorando todos los insectos que alcanzaba con su lengua extremadamente larga y pegajosa. En mi primera guardia como Oficial de Guardia, entré en el puesto de guardia principal reforzado con sacos de arena, que contaba con dos aviadores, cada uno encargado de una ametralladora Browning 303. Estas eran las ametralladoras utilizadas en el Spitfire, y las conocía al dedillo. Habíamos aprendido las distintas razones por las que un arma podía dejar de disparar y cómo solucionarlo de inmediato. Les dije a los dos aviadores: "¿Qué harían si tuvieran una interrupción tipo dos en su arma?"

Ambos me miraron como si estuviera hablando en otro idioma. Los interrogué más a fondo y establecí que no habían recibido absolutamente ninguna instrucción sobre el uso de una ametralladora Browning —ni de ningún otro arma, en realidad. Presenté un informe en términos enérgicos al Comandante de la Estación sobre este asunto. Tenía razón, por supuesto, pero a él no le gustó mi informe y me lo hizo saber. No había nada de malo en el informe; el problema era que él, al fin y al cabo, era el responsable de todo lo que sucedía en su estación.

Sin embargo, estaba convencido de que el asunto era grave y debía ser reportado para que se pudiera tomar alguna medida. Esta fue la primera vez que conocí al Comandante de la Estación, un Capitán de Grupo relativamente mayor que llevaba mucho tiempo en la Fuerza Aérea y era el estereotipo de un tipo administrativo. Dudo mucho que alguna vez haya estado en un avión en su vida. Comprendo plenamente que debe haber personal administrativo, pero su visión era tan completamente diferente a la del resto de nosotros. No me cabe duda de que ansiaba volver al estilo de vida pacífico de antes de la guerra, algo de lo cual experimentaría yo en el transcurso del siguiente año o así. Sin embargo, ya nos habíamos conocido, y había causado una mala impresión, así que, en retrospectiva, llamaré a este incidente número uno.

Uno de los pilotos del escuadrón, oriundo de Peckham, Londres, se llamaba Vic. Un día, recibió órdenes para regresar al día siguiente vía Egipto al Reino Unido para su desmovilización. Era un tipo muy simpático, así que esa misma noche hubo una fiesta en el Mess. Iba a partir muy temprano a la mañana siguiente. Fue el tipo habitual de fiesta en el Mess: ruidosa y divertida, y la cerveza fluía sin cesar. El baño de caballeros estaba algo alejado, al otro lado del gran césped. Después del amanecer, era bastante habitual, aunque estrictamente prohibido, que los muchachos "regarán el césped" en lugar de perder tiempo caminando hasta el baño y de regreso. Debo decir ahora, con mucha culpa, que en esa ocasión yo estaba regando el césped, aunque al menos lo hacía detrás de un árbol. Desafortunadamente, el árbol se movió. ¡Resultó ser el Líder de Escuadrón! Como estaba en el mismo estado despreocupado que el resto de nosotros, el asunto nunca volvió a mencionarse. Espero que no haya contraído reumatismo en la pierna como resultado del episodio.

Más tarde esa noche, antes de que terminara la fiesta, Vic escribió las siguientes palabras en la pared del salón del bar con un lápiz: "Permítanme presentarles al 32º de Combate" y lo firmó. Unos doce más siguieron con su firma. Podría decirse entonces que este comportamiento no era propio de un oficial y caballero. Estoy de acuerdo: no lo era, y los oficiales de alto rango pensaban lo mismo. En consecuencia, al día siguiente, cinco de nosotros fuimos convocados a la oficina del Capitán de Grupo. Las firmas de los cinco eran las únicas que se podían reconocer. Johnny Woodside y yo, junto con otros tres cuyos nombres he olvidado, nos alineamos frente a su escritorio para recibir una severa reprimenda. Por supuesto, se nos preguntó por el nombre del instigador de tan horrible acto. Nadie habló, por supuesto, sabiendo muy bien que si se mencionaba el nombre de Vic, lo arrastrarían de vuelta desde Egipto, donde esperaba un vuelo al Reino Unido. El Capitán de Grupo se desahogó y terminó llamándonos un grupo de cobardes. Eso no lo iba a tolerar y le dije que tenía en mi poder un Libro de Registro de Vuelo que desmentiría su afirmación. Me miró fijamente y luego nos despidió a todos, pero había vuelto a ver mi cara—incidente número dos.

Un día me enviaron con mi número dos, Johnny, en alguna misión, y de camino hacia nuestra aeronave, le sugerí que viéramos qué tan rápido podíamos despegar. Rodamos a bastante velocidad, y yo iba al frente. Al girar en la esquina de un hangar, me encontré con una aeronave estacionada. Un aviador estaba trabajando en ella, y frené bruscamente. La punta de mi ala chocó con la punta del ala de la aeronave estacionada, y el aviador, aterrorizado, saltó. Johnny también frenó bruscamente detrás de mí. Me bajé y comprobé que no había daño alguno, así que volví a subir y despegamos. Sin embargo, el incidente era reportable, y al regresar, así lo informé. Me dijeron que se reportaría al Comandante de la Estación —incidente número tres.

Supongo que él refunfuñaría para sí mismo: "¿Otra vez este sujeto?" Sin embargo, no volví a oír nada al respecto. El incidente siguiente implicó un vuelo de práctica rutinario para Johnny y para mí. Nada fuera de lo común en eso, pero había oído en algún momento sobre un lugar llamado Petra —la ciudad rosa-roja, mitad tan vieja como el tiempo.

Sonaba realmente interesante, así que propuse echarle un vistazo. Si observas un mapa de Palestina y Transjordania de la década de 1940, verás que, aparte de las áreas al oeste del río Jordán, que fluye desde el Mar de Galilea hasta el Mar Muerto y continúa hasta su desembocadura en Aqaba, toda el área es una mancha de tonos marrones variados. Petra no estaba marcada. Sin embargo, creí saber aproximadamente dónde estaría, así que partimos en dirección sureste. Ya sabes cómo es. "Voy a intentar un poco más al sur o al este o lo que sea", pero no la vi. Habiendo visto fotos del lugar desde entonces, ciertamente no sería fácil verlo desde el aire a menos que estuvieras prácticamente encima. Es algo sorprendente, pero ahora se ha convertido en un destino turístico. Emprendimos el regreso. En retrospectiva, me di cuenta de que había ido demasiado hacia el este.

Johnny estaba en la radio diciendo que se estaba quedando sin gasolina. Le indiqué qué régimen de revoluciones del motor debía usar y cuál era el impulso más económico, y redujimos la velocidad al nivel más eficiente. La cosa se estaba poniendo seria, pero volamos unos quince minutos más hasta que me dijo: "Me quedé sin gasolina. ¿Salto?" "No," le dije: "Ponlo en planeo suave a unas 135/140 millas por hora y mantén este rumbo." Teníamos suficiente altitud para continuar un rato, y he aquí que divisé una pista de aterrizaje en medio de la nada. "Aterrízalo con panza en esa pista," le dije, y lo guié para descender. "No lo olvides: tren arriba, no abajo." Hizo un aterrizaje muy bueno, y tan pronto como la aeronave se detuvo, saltó y saludó. Le había dicho que buscaría ayuda, y cuando vi que estaba bien, volé al aeródromo más cercano, un lugar cerca de la costa llamado Aquir. Aterricé e informé del incidente, y de inmediato enviaron un jeep para recogerlo. Dijeron que recuperarían la

Haz Que Valga

aeronave más adelante. Reposté y regresé a Ein Shemer. No estaban nada contentos con mi relato de desgracias, y me informaron rápidamente que, aunque yo no me había quedado sin gasolina, yo estaba al mando y, por lo tanto, era mi culpa. Otro incidente desafortunado que añadir a mi reputación, que comenzaba a verse bastante empañada, por decir lo menos.

Por esa época, alguien en la jerarquía decidió que sería buena idea armar los Spitfires con una bomba de unas once libras. Ahora bien, no sé quién decidió que mi aeronave debía ser la elegida como conejillo de indias. Sospechaba que era yo —y no el avión— el que había sido seleccionado. Así que los encargados de armamento se pusieron manos a la obra y montaron la bomba, junto con la palanca de liberación, en la cabina. Me dijeron que el avión estaba listo, así que fui y me mostraron cómo liberar la bomba. Se me asignó un objetivo, y despegue. Debo admitir que el viaje no me entusiasmaba mucho, pero allá fui. Encontré el objetivo y puse el avión en picada, dirigiéndome directamente hacia él. A la altura especificada, tiré de la palanca de liberación de la bomba y tiré hacia arriba y alrededor para ver qué tan preciso había sido. ¡No hubo explosión! ¿Qué demonios había pasado? Pronto quedó claro que la bomba seguía allí, bajo la aeronave. Esto era grave. Tendría que hacer el aterrizaje más suave y delicado que hubiera hecho jamás; de lo contrario, si la bomba se soltaba al aterrizar, haría volar el avión —y a mí con él. Llamé a la base y les conté lo sucedido. Alguien dijo: "¡Buena suerte!"

Al aproximarme a la pista, vi que se había reunido bastante gente para presenciar el aterrizaje. Puse todo mi conocimiento de vuelo en ese aterrizaje y sentí un enorme alivio cuando no hubo explosión. Frené suavemente y, en cuanto el avión se detuvo, salí corriendo. Le eché una bronca monumental a los encargados de armamento y les dije que salieran al avión a encargarse de la bomba, y los observé desde lejos. Liberaron la bomba con seguridad, y eso fue todo. Pensé después que tal vez me felicitarían o recibiría unas palabras amables del Comandante del Escuadrón —pero no.

Parecía que yo era el elegido para las misiones peligrosas, porque un par de días después de la prueba con la bomba, el Oficial al Mando me ordenó entregar en persona una carta en el Cuartel Aéreo de Jerusalén. El tiempo era atroz, y se lo hice saber. Sin embargo, él dijo: "Esa es la orden." Era inusual en Palestina, pero las nubes estaban muy por debajo de las cimas de las montañas, las cuales tenía que cruzar para llegar a un valle plano con una pista de aterrizaje que servía como el campo aéreo más cercano a Jerusalén. La pista corría de este a oeste y cruzaba la carretera que iba hacia el norte desde Jerusalén. Más por buena suerte que por habilidad, la encontré al atravesar las nubes. Al ver una aeronave, un aviador cerraba la carretera bajando dos barreras para dar prioridad al avión. Me sentí aliviado de haber encontrado el lugar y aterricé, y luego pedí transporte al Cuartel Aéreo, donde entregué mi carta. Regresé a la aeronave, ya repostada, y despegue, encontrando mucho más fácil el vuelo de regreso. ¿Fue un encargo necesario y urgente? Me pregunté. Una vez más, ¡les había ganado!

Supongo que para entonces estábamos ya hacia finales de 1946, y el conflicto con los judíos inmigrantes continuaba, como de hecho lo haría hasta que llegara el momento de poner fin al Mandato. Era un tiempo pacífico, y sin embargo, de guerra, y podía ser bastante peligroso, al punto de que se nos concedió una "Medalla de Palestina" para añadir a nuestra colección de cintas de campaña. Dije que era pacífico y, como tal, los procedimientos de tiempo de paz en la RAF se estaban restableciendo rápidamente. Una de esas prácticas era que se realizaba un informe confidencial sobre cada oficial cada seis meses. Estos eran redactados por el Líder de Escuadrón y enviados al Ministerio del Aire a través del Comandante de la Estación. Si el informe era bueno, no se sabía nada más de él; sin embargo, si el informe, según lo descrito, era negativo, entonces el oficial debía leerlo y firmarlo. No tengo idea de cuáles eran las consecuencias de eso.

Sin embargo, un día el Capitán de Grupo me mandó llamar e informó que había recibido un informe confidencial sobre mí, que contenía información desfavorable. Esto, debo admitir, me sacudió un poco. Aunque estaba atravesando un período de rebeldía, nunca esperé eso. Me dijo que lo leyera y lo firmara. Leí que era culpable de desviar a los oficiales subalternos y que mi conducta como piloto era deficiente. El informe concluía que este oficial se mantiene muy en forma. El Capitán de Grupo me pidió que lo firmara. Me negué, diciendo que no estaba de acuerdo con el informe. Balbuceó algo sobre una corte marcial —pero lo ignoré. Después de todo, podía ser algo bullicioso y temerario, pero no era un criminal. Tras expresar su decepción, me despidió y me informó que volvería a saber del asunto. Un par de días después, volví a estar frente a él. El informe había sido reescrito, y aunque no tenía derecho a leerlo, ya que ya no era desfavorable, me permitió hacerlo. Lo leí, sonreí y dije: "Gracias, señor." ¿Por qué el cambio de opinión?, me pregunté.

En conjunto, pensé que quizás era momento de buscar aventuras en otro sitio. Ahora bien, Bagdad siempre había evocado en mi mente imágenes de palacios, Las mil y una noches y bailarinas veladas. Sabía que había una estación de la RAF cerca de Bagdad llamada Habbaniya. No sabía qué tipo de aeronaves tenían allí, pero de todos modos solicité un traslado.

Para finalizar el capítulo sobre Palestina, hay una historia más que añadir. Como mencioné antes, volábamos Spitfires del tipo Mark IX, que eran significativamente más potentes que el Mark V. Tenían una hélice de cuatro palas y un motor más grande, y eran, en verdad, un avión muy agradable de pilotar.

Ken y el Spitfire Mark IX en Palestina

El escuadrón recibió una señal indicando que algunos Spitfire XVIII habían sido enviados desde el Reino Unido a Egipto en cajas, y el primero de ellos estaba casi listo para un vuelo de prueba. Entonces, ¿a quién crees que eligieron para este arduo vuelo de prueba? Eligieron al piloto con más experiencia en Spitfire de la zona —también al piloto cuyo desempeño en el aire, aparentemente, dejaba mucho que desear. ¡Evidentemente, todo lo que habían escrito sobre mí era un montón de tonterías, porque cuando surgió el primer trabajo serio de prueba en vuelo, me eligieron a mí! Me sentí bastante eufórico por ser el primer piloto en Oriente Medio en volar un Mark XVIII.

Me llevaron en una aeronave hasta Abu Sueir, en la Zona del Canal de Egipto. El vuelo fue algo distinto. Era en un avión biplaza de pasajeros, similar a los biplazas actuales utilizados para entrenamiento de vuelo, como un Auster o un Chipmunk. La aeronave estaba bien —el piloto era el problema. Había asistido a una fiesta la noche anterior y apenas estaba despierto. El Teniente de Vuelo Woods, si mal no recuerdo.

Logró concentrarse lo suficiente para despegar, y seguimos la costa de Palestina a unos mil pies. Pasé todo el vuelo con los ojos pegados a él, y no recuerdo cuántas veces tuve que sacudirlo para mantenerlo despierto. Un vuelo desastroso, por decir lo menos. Me agradeció sinceramente después de aterrizar por haberlo vigilado, y se fue directo a su cama. Así era el Teniente de Vuelo Woods.

Encontré el hangar donde este primer Mark XVIII estaba casi terminado, y me presenté. Observé este avión completamente nuevo. Era magnífico y más grande que el Mark IX. Tenía un motor mucho más potente y una hélice de cinco palas. Contaba con cuatro cañones, una cúpula de plexiglás más abombada para mejorar la visibilidad y un alcance significativamente mayor, gracias a su habitual tanque principal entre la cabina y el motor, además de tanques adicionales en las alas. Me senté en la cabina y examiné los instrumentos y la disposición general. Era muy similar, con añadidos como una llave de combustible multipropósito para cambiar de tanque. El Sargento de Vuelo me dio un folleto titulado "Notas del Piloto", que leí detenidamente. Indicaba las velocidades de despegue y aterrizaje, la velocidad de pérdida y otra información relevante. Me dijeron que faltaban al menos dos o tres días para que terminaran su trabajo y realizaran la prueba del motor.

Ya registrado, decidí visitar un pequeño lugar llamado Ismailia, ubicado en la Zona del Canal y al norte del Gran Lago Amargo, que forma parte del Canal de Suez. En Ismailia había un Centro de Descanso para Oficiales, y comparado con las estaciones circundantes, era bastante pintoresco. Rodeado de árboles, estaba cerca del canal de agua dulce; nadar en este pequeño canal estaba prohibido debido a las sanguijuelas y otro tipo de 'garrapata' que se enterraba en la piel y chupaba sangre. Sin embargo, disfruté visitando la pequeña ciudad y pasé allí un par de días.

Haz Que Valga

Al regresar a Abu Sueir, me informaron que el Spitfire estaría listo para su vuelo de prueba a la mañana siguiente. Si todo salía bien, entonces debía volarlo de regreso a Ein Shemer y al escuadrón. Fui allí después del desayuno y vi que lo habían sacado del hangar. Firmé la hoja indicando que había inspeccionado las firmas de los mecánicos, técnicos, operadores de radio, etc. Subí, me coloqué el paracaídas y los arneses del avión, lo puse en marcha y llamé a la Torre de Control por radio. "Autorizado para rodar", me dijeron. Así que rodé suavemente hasta el extremo de la pista y volví a llamar a la torre para solicitar permiso de despegue. Me dieron el visto bueno, así que me alineé en el extremo de la pista y abrí el acelerador —una gran diferencia en la potencia. Tan pronto como estuvo en el aire, subí el tren y comencé el ascenso. Hice un par de circuitos amplios alrededor del aeródromo y luego ascendí hasta unos 10,000 pies.

Sin duda era una máquina espléndida, y me sentí muy cómodo. La puse en algunas maniobras, pero nada muy agresivo. Volé durante aproximadamente media hora, probando todas las funciones y monitoreando todos los indicadores. ¡Un avión magnífico! Volví a la zona de circuito y pedí permiso para aterrizar. Habiendo estudiado las "Notas del Piloto" (librito que, créase o no, aún conservo en alguna parte), conocía la velocidad de aproximación y la de pérdida. Crucé la valla del límite y me preparé para el aterrizaje, y entonces vino la sorpresa.

No se posaba; simplemente seguía flotando unos pocos pies sobre la pista. Aceleré, volví a subir y notifiqué a la Torre de Control que el avión no quería aterrizar. Di otra vuelta y me aproximé a la pista a la menor velocidad posible. Ocurrió lo mismo. No se posaba. Informé a la torre que intentaría de nuevo. Volví a acercarme tan lento como me atrevía —pero sin éxito. En el cuarto intento, utilicé el enfoque con potencia, que consistía en traerlo con el morro en alto y a plena potencia. Teóricamente, al cortar el motor, el avión caería como una piedra. ¡Éxito! El avión se asentó sobre la pista. Mientras rodaba por la pista, suspiré aliviado —pero no por mucho tiempo, porque al aplicar los frenos, no respondieron en absoluto. Tiré de la palanca de freno varias veces, pero fue inútil. No había nada que pudiera hacer excepto avisar a la torre: "¡Sin frenos!"

Salí de la pista hacia la arena, y la aeronave hundió su morro y su hélice en la arena. Se había alertado al camión de bomberos y a la ambulancia, y llegaron en cuanto salí. Había apagado todo, así que no hubo fuego, y salí completamente ileso.

De vuelta en el hangar, conté la cansada historia en términos muy claros. Informé al oficial a cargo de la Unidad de Mantenimiento que había hecho la reconstrucción y le relaté lo sucedido. La noticia corrió rápidamente, por supuesto, y pronto me informaron que no debía abandonar el sitio hasta haber comparecido ante un Tribunal de Investigación.

Un Tribunal de Investigación es un asunto semi-formal, y al llegar descubrí que el tribunal lo formaban dos Líderes de Escuadrón —ambos no voladores. Esto me decepcionó cuando se presentaron. Me pidieron que les contara exactamente lo que había sucedido, lo cual hice, y escucharon con atención. Luego vino la primera pregunta, que me asombró: "¿Cuántos tripulantes llevaba?" No podía creer que un oficial en servicio de la RAF no supiera la respuesta a eso. Lo pensé un momento y dije: "Caballeros, si tienen que hacerme una pregunta como esa sobre el caza más famoso de la RAF, entonces difícilmente creo que sean capaces de evaluarme como piloto, ni de identificar posibles fallas en la aeronave. Por lo tanto, solicito que se convoque otro tribunal." "Bueno, Teniente de Vuelo, ese es su derecho, y lo informaré."

Me fui, y esa misma tarde me informaron que se había convocado otro tribunal, al cual debía asistir. Esta vez, uno de los miembros era piloto, y repasamos todo de nuevo. Conseguí un transporte aéreo de regreso a Palestina al día siguiente, y mientras tanto, fui al hangar de mantenimiento, pero aún no habían encontrado ninguna falla.

Regresé a Ein Shemer, y puedes imaginarte el revuelo y la molestia por lo ocurrido. No fue tan grave como pensaba. Fue una verdadera lástima, y me sentí muy mal al respecto, pero no veía en qué había fallado. Había sido un vuelo espléndido, y había llevado la aeronave hasta justo debajo de los cuarenta mil pies, que era su techo de servicio. Nunca antes había volado tan alto, y se sentía muy solitario allá arriba. El viejo Mark V alcanzaba poco menos de treinta mil pies, y el Mark IX unos mil o dos más. Pero cuarenta mil pies era bastante alto para aquellos tiempos.

Volví a las patrullas de rutina y los vuelos de práctica, y pronto me informaron que a mi compañero piloto, el Oficial Piloto Bell, y a mí se nos concedería un fin de semana de permiso. Entonces se nos permitió tomar una aeronave y pasar un par de días en Chipre. Maravilloso. Despegamos, y marqué rumbo al aeródromo de Famagusta, en el extremo oriental de la isla.

La isla no estaba dividida en sectores turco y griego como lo está hoy. Famagusta ahora se encuentra en una especie de zona prohibida turca. Habíamos volado muy poco tiempo cuando Control Terrestre en Ein Shemer llamó por radio. "El Teniente de Vuelo Cam debe regresar inmediatamente a la base. El Oficial Piloto Bell puede continuar su vuelo." ¿Qué demonios había pasado ahora?

Aterricé de nuevo en Ein Shemer y fui a ver al Oficial al Mando. "Aquí tienes una señal," dijo. "Estás suspendido de vuelo hasta que el Tribunal de Investigación haya concluido." Creo que le daba bastante pena por mí. Entonces, ¿qué demonios hago ahora? ¿Cuánto tardarán? No tuve que esperar mucho para lo siguiente.

El Capitán de Grupo, Comandante de la Estación, me mandó llamar. ¡Ya casi estaba desgastando su alfombra! "Estás destinado como Teniente de Vuelo," dijo. "Te enviaré con un amigo mío que encontrará algo que hacer para ti." "¿A dónde voy?", pregunté. "Estás destinado a la RAF Amman, en Transjordania," respondió.

Hice mi equipaje y partí por carretera.

Capítulo 39

Una Felicitación – Una Mancha – y Un Motivo de Orgullo

La vida en Ammán, aunque algo limitada en cuanto a recreación, era bastante agradable. Disfrutaba bastante comenzar a trabajar temprano por la mañana y terminar al mediodía. No estábamos confinados a la Estación y, aunque no había mucho que ver, ocasionalmente bajábamos a Ammán y recorríamos el pueblo. A veces, comprábamos carne y otros ingredientes necesarios para preparar un curry en un hornillo Primus en una de las habitaciones a altas horas de la noche. Estas veladas eran muy agradables, y cada semana alguien preparaba una cena. Mi compañero de cuarto, el Dr. Wilkinson, era un joven médico recién titulado y participaba en todo lo que se organizaba.

Una mañana, el Comandante de la Estación envió a un empleado a pedirme que fuera a verlo. El resultado fue bastante sorprendente; al entrar en su oficina, dijo: "Felicidades, Teniente de Vuelo," y me entregó un papel. Era una señal del Cuartel Aéreo de Jerusalén. Preguntándome de qué se trataría, la leí, y el contenido decía que el Tribunal de Investigación sobre el accidente del Spitfire XVIII había concluido, y que yo estaba completamente libre de culpa. Se había encontrado la causa de la falla en los frenos, y también se había establecido que ciertos pesos que debían estar asegurados en la parte trasera del fuselaje no estaban presentes —de ahí el problema con el aterrizaje. La señal también indicaba que el Teniente de Vuelo Cam estaba autorizado a volver a las

Haz Que Valga

funciones de vuelo si se consideraba oportuno. Agradecí al Capitán de Grupo, y él me pidió que le informara si deseaba o no volver a volar.

Nunca había tenido dudas sobre el resultado del Tribunal, pero al mismo tiempo, fue un alivio conocer la respuesta. Pensé en el vuelo, que había echado de menos, pero el impulso de volar había disminuido un poco últimamente, y como me quedaban menos de un par de meses antes de terminar mis dieciocho meses adicionales, me inclinaba a rechazar la oferta. Si hubiera sabido a dónde me enviarían, quizás habría tomado una decisión diferente, pero como estaba pasándola bien en Ammán, decidí decir que no e informé al Capitán de Grupo de mi decisión. "Está bien," dijo, "el nuevo Oficial de Cuentas está en camino, pero no me cabe duda de que encontraremos algo para que hagas mientras estés aquí." Y vaya si lo hicieron. Los encargos llegaron uno tras otro. Fueron cuatro en total, y llegaron a lo largo de la misma semana.

El primero fue la Oficina de Cifrado. El tipo a quien reemplazaba se marchaba al Reino Unido, y antes de partir, logró darme unos treinta minutos de instrucción sobre codificación y decodificación. Hasta donde recuerdo, solo recibí una señal codificada, y fue de Jerusalén, lo que en su momento me pareció algo ridículo. A menos, claro está, que supieran que yo era nuevo en el cargo y quisieran ponerme a prueba. Era un procedimiento extraño. Con mi señal dentro de un estuche especial, recogía a un guardia armado y salíamos a pie hacia un pequeño edificio de ladrillo que estaba completamente solo, a unos cien metros del edificio más cercano al aeródromo. Al llegar, abría la puerta de acero con mi llave especial, entraba y cerraba la puerta con llave tras de mí. El guardia se quedaba afuera. Dentro había una mesa, una silla y una caja fuerte. No había electricidad, así que por la noche había que llevar una fuente de luz. Abría la caja fuerte y sacaba un libro grueso con páginas llenas de números de cinco dígitos. Me ponía a descifrar la serie de números que había recibido y escribía la señal. Como dije, era bastante tonto y bien podría haberse enviado por teléfono.

Estaba dirigida al Comandante de la Estación e informaba que el Oficial del Aire al mando del grupo llegaría por aire a Ammán en una fecha y hora concretas. Luego escribí un mensaje diciendo que había recibido y comprendido la señal, y al regresar a la Sala de Guardia, le indiqué a un empleado que la despachara. Después, volví a guardar el libro en la caja fuerte, recogí cualquier papel suelto, cerré con llave, salí y aseguré la puerta. Me escoltaron de vuelta a mi oficina. En fin, fue una buena práctica, pero nunca más necesité esos conocimientos —salvo para escribir sobre ello aquí y ahora.

El segundo encargo fue el de oficial responsable de la Guardia. Esto significaba que debía asegurarme de que siempre hubiera guardias de servicio, según los turnos que yo mismo creaba. Es decir, no se trataba de los aviadores —eso lo gestionaba el Sargento—, sino de los oficiales en servicio de guardia durante veinticuatro horas seguidas. Esto fue brillante. Pronto me di cuenta del enorme privilegio que traía este honorable puesto, y era que jamás anotaba mi propio nombre. Siempre había odiado el servicio de guardia, desde mis días en la Escuela de Tierra en Newquay —aunque no había hecho ningún turno desde 1940 o 1941. Así que ese fue el segundo encargo.

El tercer encargo fue el de la Oficina de Llaves. Este era aún más sencillo. Yo tenía en mi poder las llaves importantes, y cuando alguien solicitaba una en particular, evaluaba si debía tenerla y si debía acompañarlo. Así de simple.

El cuarto encargo fue el de Secretario del Mess. Este, supongo, era un trabajo ingrato. La peor parte era sacar dinero a los demás oficiales para pagar sus cuentas del Mess. Pero no puedo decir que me preocupara mucho —de hecho, no perdí el sueño por ello. Una noche, alguien forzó mi caja fuerte en la Oficina del Secretario del Mess y robó todo el dinero. ¡Un desastre! Por suerte, en ese momento no había mucho dinero allí. Puede decirse que no hay nada muy extraño en un robo. Eso es cierto —lo extraño fue que ocurrió exactamente lo mismo la noche anterior en Ein Shemer, Palestina. Adivina quién era el Secretario del Mess allí en ese momento: nada menos que mi viejo amigo, Johnny Woodside. Él sufrió más que yo, ya que lo pusieron bajo arresto abierto. Eso significaba que, bajo ninguna circunstancia, podía salir de la Estación y tenía que firmar en la Guardia cuatro veces cada veinticuatro horas. ¿Acaso los dos Comandantes de Estación, de Ein Shemer y Ammán, hablaron por teléfono y sospecharon alguna connivencia? Después de un par de semanas, liberaron a Johnny, ya que arrestaron a la banda árabe responsable de ambos robos mientras intentaban uno en una Estación del Ejército.

Ahora llegamos a la mancha mencionada en el título de este capítulo. Los oficiales fueron invitados a un buffet y baile que se celebraría en un determinado salón parroquial en la ciudad de Ammán. La iglesia tenía un vicario de la Iglesia de Inglaterra (Church of England, C. of E.), y el salón parroquial también se utilizaba como escuela infantil para niños, en su mayoría hijos del personal militar británico. Palestina había sido virtualmente administrada por los británicos desde 1918, y también existían fuertes lazos entre Transjordania y Gran Bretaña desde hacía muchos años. El rey de Jordania, Abdalá, había sido educado en Inglaterra, al igual que su hijo, el rey Hussein.

Había una pequeña banda de tres o cuatro músicos, un buffet y un bar. Había unas 40 o 50 personas allí, incluidos oficiales de la Fuerza Aérea y del Ejército, así como algunos dignatarios árabes locales. Apenas hace falta decir que había escasez de mujeres, en su mayoría esposas e hijas de personal militar, siempre acompañadas por chaperonas. La historia de este baile está un poco fuera de contexto y ocurrió muy poco después de mi llegada a Transjordania, y ofrezco eso como una pobre excusa por lo que ocurrió a continuación.

La señora que dirigía esta escuela tenía entre cincuenta y tantos y sesenta y pocos años, y al verla algo desocupada, le pregunté si le gustaría bailar. Pareció muy complacida en aceptar, y comenzamos. Era muy conversadora y me habló sobre su trabajo en la escuela. Le pregunté cuánto tiempo llevaba allí. Me lo dijo, aunque no recuerdo cuántos años mencionó. Sin embargo, terminó su respuesta diciendo que su vínculo con el país era que era la madre de Glubb Pasha. "¿Quién es Glubb Pasha?" le pregunté. Me miró bastante contrariada y dijo: "¿Nunca has oído hablar de Glubb Pasha?" "Me temo que no," respondí. Acto seguido, me abandonó como pareja y se dirigió enfadada hacia el Capitán de Grupo, y pude verla reprochándole encendidamente. ¿Qué demonios había hecho ahora?

Me quedé esperando el desenlace, y el Capitán de Grupo se acercó a mí. "Creo que deberías aprender un poco de la historia de este país," dijo. "Pero mientras tanto, te sugiero que te retires y regreses a la Estación," añadió. "Sí, señor," respondí, y me retiré rápidamente. ¿Cómo demonios iba yo a saber que Glubb Pasha era, de hecho, un oficial del Ejército Británico, el Mayor J.B. Glubb, que había sido destinado a las autoridades transjordanas y que había formado la Legión Árabe en 1923, entrenada según el método del Ejército Británico? Con el tiempo, se convirtió en Jefe del Estado Mayor del Ejército jordano, cargo que ocupó hasta 1951. No saber estos hechos fue la mancha. Estas manchas parecían perseguirme, y realmente fue un caso de inocencia herida. Sin embargo, como se dice, la ignorancia no es excusa en la vida militar —así que agaché la cabeza, avergonzado.

Ahora llegamos a la parte final de este capítulo, que narra lo que fue —y probablemente aún sea— mi único motivo de orgullo. Recibimos un mensaje en el que se indicaba que el Dr. Wilkinson —cuyo rango creo que era igual al mío— y yo debíamos presentarnos ante el Comandante de la Estación. Nos presentamos, y él nos informó que habíamos sido invitados, en una fecha específica, a ser presentados y a almorzar con nada menos que el rey Abdalá. Esto era algo muy importante, y lo esperábamos con entusiasmo. En la fecha señalada, nos asignaron un coche con conductor, y partimos hacia el palacio de Ammán. Al llegar, fuimos recibidos por un miembro de la Casa Real, una especie de ayuda de cámara, que nos condujo a una antesala. Esperamos allí hasta que llegaron todos los invitados. Creo que seríamos unos veinte en total. No había mujeres presentes.

El ayuda de cámara nos explicó el protocolo. Seríamos presentados al rey indicando nuestro rango, nombre y puesto. Nos dijo que el rey no daría la mano, pero que inclinaría la cabeza y que nosotros debíamos hacer lo mismo, aunque sin dramatismo.

Nos condujeron a través de unas puertas dobles hacia la Sala de Recepciones y avanzamos lentamente en fila india por un lado de la sala hasta llegar ante el rey. Llegó mi turno. "Teniente de Vuelo Cam, Estación de la Real Fuerza Aérea de Ammán," dijo el ayuda de cámara, y me detuve frente al rey. Me miró como si fuera su deber recordar mi rostro hasta el día de su muerte, y recuerdo bien la intensidad de su mirada. Ambos inclinamos levemente la cabeza, y me retiré.

La recepción no duró mucho, y todos salimos al jardín, donde se había montado una carpa sin laterales. Había una mesa larga dispuesta, con sillas para todos los invitados. Fue una experiencia bastante interesante y, quizás, imponente, pero lo que vino después no fue tan agradable.

El primer plato fue sopa, que en sí misma era aceptable, pero el hecho de que la sopera también contenía algunos ojos de cordero nos quitó bastante el apetito. Sin embargo, participamos. El siguiente plato fue cordero —o más probablemente, carnero— y fue cortado de un animal entero. Eso estuvo bien, salvo por el detalle de que el animal entero estaba cubierto de moscas. El doctor y yo nos miramos. Acordamos que teníamos que comer, y así lo hicimos, prometiéndonos que, en cuanto pudiéramos, nos provocaríamos el vómito.

Obviamente, éramos de rango menor, ya que estábamos sentados bastante alejados del rey, pero tuve la impresión de que él veía todo lo que ocurría. Mi impresión fue que era un tipo muy agradable —si se puede describir así a un rey—, pero también una persona muy perspicaz.

Tan pronto como pudimos levantarnos de la mesa, el doctor y yo nos dirigimos a un grupo de árboles al borde del jardín. Nos escondimos detrás y nos metimos los dedos en la garganta. ¡Solo espero que los invitados al Palacio de Buckingham no sientan la necesidad de comportarse de una manera tan escandalosa! Sin embargo, dejando de lado el aspecto gastronómico de la ocasión, pensé que había vivido una experiencia muy elevada. Aunque, como ya mencioné, estábamos en el extremo más bajo de la escala de dignatarios. No obstante, habíamos estado allí y experimentado la realeza de primera mano. Así que ese fue mi motivo de orgullo.

Capítulo 40

El Viaje de Regreso

La decisión de no volver a volar durante el corto período que me quedaba antes de la desmovilización parecía, en conjunto, la correcta. La vida en la RAF Ammán era agradable, salvo quizás por un aspecto que ya he mencionado antes. Me refiero a la aparente urgencia por restablecer las rutinas y prácticas de tiempos de paz. Mientras que volar solía ser un deber importante, ahora empezaba a perder relevancia y era reemplazado por una administración burocrática que encontraba bastante molesta. Atenerse a los procedimientos establecidos en lugar de simplemente hacer el trabajo era típico de un departamento gubernamental, que, por supuesto, era lo que eran los Servicios. Aparte de eso, había cumplido mi tiempo en la RAF y estaba firmemente convencido de que haberme alistado por dieciocho meses adicionales fue una de las mejores decisiones que he tomado. Estaba completamente rehabilitado, algo que sin duda necesitaba.

Ese período adicional en la RAF me había servido como puente de regreso a la vida civil cotidiana. La posibilidad de solicitar una comisión permanente había desaparecido de mi mente ante la perspectiva de tener que someterme al peso del rango. Eso ciertamente no estaba en mi naturaleza. Según mi forma de ver las cosas, el respeto debía ganarse, no asumirse. Siempre traté de aplicar esto a mí mismo cuando, años más tarde, tuve el privilegio de formar parte de un equipo directivo.

Haz Que Valga

Esperando en Egipto un vuelo de regreso a casa

Así que, llegó el momento de partir de Ammán, y me agradó especialmente cuando el Comandante de la Estación me deseó lo mejor y comentó que había disfrutado de mi presencia en la Estación y que lamentaba sinceramente mi partida. Y en cierto modo, yo también lo lamentaba. Tuve que esperar a que una aeronave de paso me llevara de vuelta a Egipto, a una estación llamada El Fayid en el Gran Lago Amargo. Tras unos días, llegó un avión que iba en la dirección adecuada. No recuerdo si era un Airspeed Oxford o un Avro Anson. En cualquier caso, era una aeronave bimotor de pasajeros con capacidad para una docena de personas. Yo era el único viajero, así que me uní al piloto en la cabina (como solían llamarla). Fue un vuelo placentero y rutinario, y observé cómo Transjordania y Palestina quedaban atrás, preguntándome si alguna vez volvería allí. La ciudad rosa-roja, mitad tan antigua como el tiempo —Petra— se me había escapado, así que quizás algún día logre visitarla.

Llegamos a El Fayid y me registré. Tendría que esperar un vuelo al Reino Unido, pero mientras tanto, como acababa de poner pie en Egipto, debía recibir una vacuna contra la fiebre amarilla. Eso no era gran cosa, pero mi rostro se descompuso un poco cuando el médico me informó que tendría que esperar dos semanas y luego recibir una segunda dosis. Esto fue un pequeño shock. Ya estaba mentalizado para volver a casa lo antes posible, y esta aburrida quincena me retrasaba. Había poco que hacer, salvo sentarse, jugar al tenis y nadar en el Gran Lago Amargo. También probé, por primera vez en mi vida, la navegación a vela en un yate, y descubrí que esa actividad era muy placentera, aunque ciertamente no soy una persona "de barcos". Pasé un par de tardes en la playa con una mujer de unos treinta años. Era hija de un oficial del ejército y disfrutaba del hecho de que hubiera escasez de mujeres disponibles. Desafortunadamente, parecía (como se decía en una caricatura) que la hubieran golpeado con el "palo de la fealdad". Pero aparte de eso, era una compañía agradable, como ya dije, y me dio la impresión de que necesitaba desesperadamente una pareja, preferiblemente para toda la vida.

Después de aproximadamente una semana de esa vida ociosa, ya había tenido suficiente. Falsifiqué mi Tarjeta Médica con los datos de la segunda vacuna y me presenté en la Oficina de Despacho para que incluyeran mi nombre en la lista de vuelo. Puede decirse que esta pequeña falsificación fue un acto imprudente y muy desobediente, y probablemente estaría de acuerdo contigo. Por suerte, no contraje fiebre amarilla, así que ahí quedó todo. Todos hacemos tonterías de vez en cuando.

Una vez incluido en la lista de despacho, al día siguiente llegó un vuelo. Se trataba de un gran Avro York de cuatro motores que volaba al Reino Unido vía Malta. El Avro York apareció hacia el final de la guerra, y creo que fue diseñado como bombardero pesado o transporte de tropas. Sin embargo, este en particular estaba equipado con asientos. No me malinterpretes —no eran el tipo de asientos que encuentras en un avión comercial moderno. Ni por asomo. Era un avión nuevo y, según lo que he aprendido desde entonces, probablemente estaba siendo trasladado al Reino Unido para ser desguazado. ¡Así son las cosas en la guerra! Todo sería mucho más fácil si, como muchas otras cosas, se supiera cuándo van a terminar.

Despegamos y llevábamos volando aproximadamente una hora cuando volví a aburrirme un poco. Así que decidí visitar la cabina. Había una tripulación de tres o cuatro personas que estaban jugando a las cartas. El avión lo pilotaba "George", el piloto automático primitivo. Me recibieron como una distracción bienvenida y conversamos un rato. Debo mencionar aquí que, muchos años después, conocí a un tipo que era piloto haciendo este tipo de trabajos, y que aterrizó en el Reino Unido en una de estas aeronaves obsoletas y, al bajar del avión y caminar hacia los barracones del aeródromo, antes de llegar a medio camino, ya había una grúa junto a su aparato y una enorme bola de demolición de cemento lo estaba destrozando. ¡Qué sacrilegio!

Después de charlar con la tripulación, el segundo piloto seguía en su puesto, así que le pregunté al primer piloto si podía probar a volar el aparato. Aceptó de inmediato y me llevó al asiento del piloto. La disposición de los instrumentos era bastante estándar; los indicadores de motor, por supuesto, estaban cuadruplicados, pero la mayoría del resto era bastante normal, y "George" fue desconectado. Fue una experiencia interesante. No olvides que estaba acostumbrado a volar cazas muy maniobrables, es decir, con respuesta inmediata a los controles. En este avión pesado, la respuesta era muy diferente y extremadamente lenta. De vez en cuando me daban una corrección de rumbo, pero mantenía la misma altitud y velocidad.

Fue agradable y mucho mejor que estar sentado como pasajero. El navegante anunció por el intercomunicador que faltaban menos de treinta minutos para llegar a Malta, y el capitán dijo que retomaría el control para el aterrizaje. Permanecí en la zona de la cabina hasta que aterrizamos.

Hicimos una breve escala allí y tuvimos tiempo para tomar una taza de té y un bollo, por así decirlo, pero en cuanto la aeronave fue repostada, volvimos a embarcar y despegamos. Regresé a mi asiento. En aquellos días no existía la presurización en cabina, así que volábamos a una altitud comparativamente baja —supongo que entre seis y ocho mil pies—, y al aproximarnos a la costa sur de Francia, comenzaba a oscurecer. El resto del viaje transcurrió sin incidentes, y aterrizamos en Lyneham. Ahora bien, hay dos Lyneham: uno en Wiltshire y otro en Oxfordshire, pero estoy casi seguro de que fue el de Wiltshire. No importa, salvo por el hecho de que la siguiente vez que oí hablar de ese aeródromo fue muchos, muchos años después, cuando el rehén de Beirut, el reverendo Terry Waite, aterrizó allí tras su terrible cautiverio.

Después de pasar la noche en Lyneham, comencé a la mañana siguiente la última etapa de mi regreso definitivo a casa. Mis órdenes eran presentarme en un Centro de Desmovilización. Como habrás leído, mi primer destino en la RAF fue un lugar tan alejado como se podía estar de mi ciudad natal, Blackpool. Y mi destino final fue —créelo o no— prácticamente lo más cercano posible a Blackpool.

Ken Cam

1947 – Lo último de la RAF

El Centro de Desmovilización estaba en Warton, entre Lytham y Freckleton. Me entregaron un traje, una camisa, zapatos, calcetines, etc., un sombrero tipo trilby y un impermeable. No tenía equipo a mano, ya que toda la ropa de los oficiales pertenecía a Él (el Rey) y no era suministrada por la RAF. Vendí el traje algún tiempo después. En el momento de la desmovilización, a cada miembro del servicio se le daba una gratificación según su rango final y la duración de su servicio.

Había completado siete años y un cuarto de servicio, y como era de esperar del agradecido Gobierno Británico, me otorgaron la magnífica suma de ciento catorce libras. Me quedé asombrado y desilusionado. No solo había perdido una buena cantidad de paga cuando fui nombrado oficial siendo Sargento de Vuelo, sino que además estaba a punto de perder el dinero que me habían descontado mientras fui prisionero de guerra. Había estado fuera de casa mucho tiempo y en ocasiones había considerado planes para el futuro.

Así que ahí lo tenéis, Peter y David —ahí tenéis la historia de la guerra.

Capítulo 41

Última Misión

Al regresar al Reino Unido, me di cuenta de que el racionamiento de la mayoría de los productos aún seguía plenamente vigente y, por supuesto, me entregaron un Libro de Racionamiento. El racionamiento continuó hasta mediados de la década de 1950 —e incluso más tarde para algunos artículos. Recuerdo que en 1952, cuando solicité una licencia de construcción en Southport, como la madera estaba muy racionada, no era fácil conseguirla. Las normas establecían que no se podía expedir una licencia de construcción sin probar la propiedad de un terreno, y no se podía obtener un terreno a menos que ya se tuviera una licencia de construcción. Esta absurda burocracia se resolvió gracias a un constructor amable y sensato que accedió a reconocer que yo era propietario de un terreno que en realidad le pertenecía a él. Sin embargo, ese problema quedaba cinco años en el futuro, así que volvamos a 1947.

Fue a finales de octubre de 1947 cuando dejé la RAF, y ya había decidido que no podía enfrentarme a volver a los confines de una lúgubre oficina victoriana. Comprendía que al renunciar al Departamento de Gobierno Local, renunciaba a varios beneficios: jornada reducida, buenas vacaciones y un generoso plan de pensiones. Sin embargo, tendría que trabajar otros cuarenta años para alcanzar esa pensión, y eso era demasiado tiempo comprometido con lo que sin duda sería una ocupación aburrida y rutinaria. Por lo tanto, fui a verlos y les comuniqué mi decisión. Y eso fue todo. No hay necesidad de escribir sobre mi vida laboral desde entonces, ya que la conocéis tan bien como yo.

Siguieron unos cuatro años de vida de soltero, con vacaciones memorables por Europa, antes de que, como comentó un amigo mío, "me diera por hacer ruidos de anidar". No sé exactamente a qué se refería, pero comprendí el comentario.

Entonces, ¿qué me enseñó mi tiempo en la RAF? Muchas cosas sobre la vida y sobre las personas, pero ciertas lecciones fueron de gran importancia. Que seis años de diálogo y persuasión son muy preferibles a seis días de guerra. Las guerras son horribles y provocan actos y miserias horribles. A la larga, no hay ganadores, pero curiosamente, todos los bandos están convencidos de que Dios está de su lado. Peculiar, por decir lo menos. Pero no es ni mi tarea ni mi deseo discutir aquí la estupidez de la guerra. Por lo tanto, limitaré mis palabras a describir mis actitudes tras la guerra.

Había decidido sin duda cuáles eran mis ambiciones en la vida. Eran bastante simples: una familia feliz, una bonita casa donde vivir y, con suerte, un coche en la entrada. Tener suficiente dinero para mantener un buen pero razonable nivel de vida era estupendo —el exceso de dinero no era esencial. La mayoría de las cosas buenas de la vida no dependen del poder adquisitivo. La vida como prisionero de guerra me enseñó eso y otras cosas simples pero importantes, como tener acceso al agua de un grifo —y también agua caliente— y un lugar cálido y acogedor donde vivir. No estar desesperado por comida; hay muchas más si se piensa en ello un momento.

Por suerte, había alcanzado mis ambiciones alrededor de los cuarenta años. Puedes criticarme si quieres por falta de ambición —como prefieras—, pero la felicidad suele venir de estar contento con lo que se tiene, en lugar de con lo que se intenta conseguir.

En 1949, una chica extremadamente bonita —quizás debería decir una joven muy atractiva (ambas descripciones son correctas)— entró en mi vida, y nos casamos. El hecho de que perteneciéramos a distintas ramas de la misma fe cristiana causó problemas. Aquellos que sabían, o creían saber, todo sobre las consecuencias de un "matrimonio mixto" expresaron sus opiniones. Incluyo en esto a parientes, amigos y autoridades de la Iglesia. Aunque a veces me sentí muy solo, estaba convencido de que,

Haz Que Valga

con el tiempo, cada uno de ellos demostraría estar equivocado. Y así fue —cada uno de ellos.

Pasamos una luna de miel encantadora en París, salvo por el hecho de que fui yo, no Betty, quien se mareó en el avión. ¡Vaya ironía, siendo piloto! Así comenzamos nuestra vida matrimonial, que, al escribir estas palabras hoy, cumple exactamente cuarenta y siete años. Éramos una de cuatro parejas que se casaron más o menos al mismo tiempo, y las cuatro siguen juntas. Aparentemente, hoy en día no es fácil lograr eso, pero en lo que respecta a mis dos hijos, ambos parecen haber empezado con buen pie, y no puedo hacer más que desearles una vida matrimonial larga y feliz.

Regresamos a la planta superior de la casa de mi madre, que había sido parcialmente convertida en un apartamento, pero solo estuve allí un par de meses cuando me trasladaron a otro empleo en Southport. Tomamos un apartamento e inmediatamente comenzamos el proceso de convertirnos en propietarios. Fuimos extremadamente afortunados en nuestra búsqueda, y aunque teníamos poco dinero, al menos habíamos comenzado a subir la escalera.

Fuimos bendecidos con dos hijos sanos e inteligentes, y después de doce años en nuestra nueva casa, regresamos a Blackpool. El resto es historia conocida. Siempre había tenido el ferviente deseo de que mis hijos asistieran a la universidad y obtuvieran un título. No solo lograron ese alto nivel educativo, sino que ambos fueron un paso más allá y consiguieron dos títulos cada uno. Todo lo cual me llena de inmenso orgullo.

Y así, he llegado al final de mis escritos. La historia de la guerra, que forma el grueso de mis memorias, es una entre un millón de historias de guerra, no una entre un millón, por lo que me mostré reacio a comenzarla. Creo que ya mencioné que es el relato más preciso que puedo ofrecer, y al menos he intentado cumplir con vuestras peticiones.

Si, por casualidad, no es exactamente lo que esperabais, entonces me temo que no tenéis otra opción que:

"HAZ QUE VALGA"

La Vida de Ken Cam Después de la Guerra

Ken Cam fue un hombre increíblemente especial: hijo, hermano, esposo y padre. Tenía gustos y placeres notablemente sencillos, era un esposo y padre entregado, y siempre mostró un gran interés por los automóviles y su mecánica. Era una persona muy estable, que no sufrió secuelas psicológicas del estrés mental provocado por la guerra, el campo de prisioneros, el cautiverio, la Marcha de la Muerte de enero de 1945, ni por derribar otras aeronaves. Me contó tres cosas sobre la guerra:

- Que no hay ganadores, ya que todos pierden demasiado.
- Que archivó mentalmente todos los recuerdos malos en un gabinete imaginario y lo cerró en su mente.
- Que juró que, incluso si tenía que robar, jamás volvería a pasar hambre ni frío mientras viviera.

Papá era capaz de aplicar su mente a cualquier cosa: diseñarla, construirla o arreglarla. Era hábil en carpintería y trabajos en madera, y un mecánico excepcional; tenía una enorme colección de herramientas en su querido garaje. Siempre hacía el mantenimiento de los vehículos de la familia, así como el de los coches de sus amigos. Fue Tesorero de una empresa local entre 1964 y 1984, donde era muy respetado por los dueños, sus colegas y su equipo. En el trabajo, se interesaba por la participación del personal, organizando fiestas ocasionales y diversos viajes para fomentar el compañerismo. Tenía pocos pero muy cercanos amigos, y le encantaban las vacaciones en Francia, ya que dominaba el idioma y disfrutaba conversando con los franceses.

Diseñó y construyó su propio refrigerador en la cocina de nuestra nueva casa en Lynton Road, Southport, y recuerdo que alguien de una importante empresa de electrodomésticos visitó la casa a principios de los años sesenta para inspeccionarlo.

Ken construyendo su propio coche

No podía permitirse comprar un automóvil a principios de los años sesenta, ya que estaba pagando la nueva casa. Así que construyó su propio coche y un garaje para guardarlo. Recuerdo que, durante las largas tardes de verano, cuando nosotros, los niños pequeños, debíamos estar en la cama a las 7:30 p. m., desde la ventana de mi dormitorio podía verlo trabajando en su coche hasta que oscurecía. Los vecinos que solían pasar por allí se detenían cada noche para hacerle preguntas sobre el vehículo. Recuerdo perfectamente la noche de agosto de 1963 cuando un reportero del periódico *Southport Visitor* vino a entrevistar a papá sobre el coche hecho en casa, el "Camden". Tomó fotos nuestras señalando el motor y, en mi caso, puliendo los tapacubos. Papá vendió el coche después de solo un año. Le costó 350 libras construirlo a lo largo de dieciocho meses.

Mudarse a Blackpool en agosto de 1964 fue un gran impacto para nosotros. Pasamos de una casa nueva, moderna, con calefacción central, ubicada en un tranquilo callejón sin salida en Southport, a una propiedad más grande pero muy fría, húmeda y en muy mal estado, construida en 1938, en una carretera principal, sin más calefacción que las chimeneas. El color exterior principal era "Rosa Escandaloso". Vivimos en esa casa durante diez años, hasta que instalamos calefacción

La Vida de Ken Cam Después de la Guerra

central, aunque eso no fue nada para papá. Trabajó incansablemente en esa casa durante muchos años para renovarla. Incluso construimos un foso para mantenimiento de vehículos en el garaje. Vivimos allí hasta 1984, cuando mamá y papá (Betty y Ken) vendieron la casa, y papá se jubiló a los 63 años. Compraron su querido bungalow de dos dormitorios en Thornton-Cleveleys, a pocos kilómetros, con la hermana de papá, Kathleen, viviendo a la vuelta de la esquina.

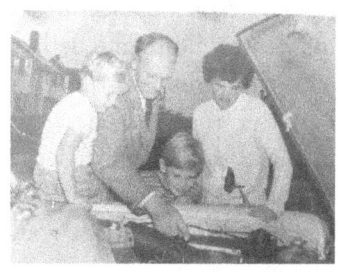

Peter, Ken, David Y Betty Cam

En 1977, papá regresó al lugar del accidente en Linosa.

Este caballero en la fotografía vio cómo papá realizaba un aterrizaje forzoso y fue el primero en llegar al lugar para encontrarlo herido.

La Vida de Ken Cam Después de la Guerra

La tradicional cena dominical en casa de mamá y papá era el momento culminante de la semana para todos. La comida era deliciosa, y ya para principios de los años noventa, la familia Cam había crecido hasta ser once personas. Lamentablemente, para mamá y papá, el hijo menor (Peter, el autor) decidió que había tenido suficiente de Inglaterra y, por el bienestar futuro de su familia, emigró a Miami, Florida, en octubre de 1996 para comenzar una nueva vida. Por desgracia, los domingos nunca volvieron a ser lo mismo para los Cam.

Papá disfrutó de una salud notablemente buena durante toda su vida. Algún que otro episodio de gripe o resfriados fuertes en invierno lo llevaban a la cama por unos días, y sí experimentó fiebres muy altas, pero aparte de un ataque extremadamente doloroso de vesícula biliar en 1962, nunca tuvo problemas de salud. En agosto de 2008, Peter, Dora, Carolyne, Juliette y Daniel vinieron desde Florida, y tuvimos una fabulosa reunión familiar en casa de David con mamá, papá, David, Jin Ee, Edward y Honor. Para entonces, papá ya tenía problemas de visión. Todos nos preguntábamos cuándo —o si— habría otra "Reunión Camfam", a medida que pasaban los años. Lamentablemente, no fue así.

Una "Reunión Camfam" de 1996

A principios de 2009, a papá le diagnosticaron un problema de salud grave; la temida palabra cáncer entró en nuestras vidas. Doce meses

La Vida de Ken Cam Después de la Guerra

después, en febrero de 2010, los médicos de papá decidieron que la cirugía prevista ya no podría realizarse, ya que lo más probable era que no sobreviviera a la operación. El consejo que recibió fue que disfrutara de los próximos ocho o nueve meses antes de lo inevitable. ¡Y así lo hizo!

Y así fue como papá nos dejó el lunes 14 de noviembre de 2010, a la edad de ochenta y nueve años y tres meses. Estaba tan lúcido e inteligente como siempre, hasta el final. Sus últimas palabras para mí en persona fueron: "Gracias por ser mi hijo, Peter." Su mejor amigo, Douglas (también piloto de Spitfire), a quien menciona varias veces en el libro, sobrevivió a papá por diez años y falleció poco antes de cumplir los cien.

Tuve la fortuna de tener a mi padre durante toda mi vida, hasta los cincuenta y dos años. Cuando nos dejó, no sentí más que un inmenso alivio y una profunda gratitud, ya que no quería que siguiera sufriendo. No estaba acostumbrado a sentirse enfermo ni a lidiar con el dolor físico. Ya había experimentado suficiente "dolor" de otro tipo: soledad, miedo a la muerte e incertidumbre entre 1940 y 1945. Estaba exhausto debido a su condición física, y yo deseaba que descansara. Solía llamarme "Pete's", y así lo hizo la última vez que hablé con él, la noche antes de que muriera. Como habrás leído en su libro, no tuvo la misma suerte que mi hermano y yo. Perdió a su padre siendo niño, a los diez años, en 1932, y lo menciona en varias ocasiones en el libro. Esta pérdida fue especialmente dura durante sus momentos más bajos en la guerra como piloto enfrentando la muerte cada día, y como prisionero sin saber si viviría o moriría al día siguiente, la próxima semana, o si alguna vez regresaría a Inglaterra. Todo esto con solo entre veintidós y veinticuatro años.

¡Qué vida tan extraordinaria tuvo! Fue amado y respetado por todos los que lo conocieron, incluidos su familia, amigos, compañeros de trabajo y los propietarios de las empresas para las que trabajó. Todos, incluido su maravilloso médico de cabecera, quien lo acompañó hasta el final.

La Vida de Ken Cam Después de la Guerra

Del manuscrito original de Ken: revisitando las famosas cunetas y trenes de ganado en Innsbruck

Hay algunas otras cosas que deberías saber. Papá tenía un aura enorme que se sentía en su presencia. Podía ser muy intimidante. Mis amigos del colegio y los de mi hermano la experimentaron, y podía ser bastante aterrador cuando entraba en la sala trasera para ver qué estábamos haciendo en nuestra adolescencia. Recuerdo que, de niño, si te miraba cuando habías hecho algo mal, te asustabas tanto que pensabas que estabas a punto de morir. Por otro lado, su sonrisa y su risa cálida podían derretirte. Siempre fue muy generoso, amoroso y auténtico. Fue un padre maravilloso para nosotros.

Papá escribió este libro entre 1997 y 1999, y lo terminó el 28 de julio de 1999. Nosotros solo lo hemos ampliado, explicando áreas que requerían más detalle, añadiendo fotografías. Cuando un artículo sobre el aterrizaje forzoso en Linosa y la captura de papá apareció en el perió-

La Vida de Ken Cam Después de la Guerra

dico local *The Blackpool Gazette*, un político local y miembro del Parlamento, Harold Elletson, vino a casa y pasó una tarde con papá. Estaba profundamente interesado en la historia, especialmente en sus experiencias posteriores a la guerra en Italia, Egipto, Palestina y Transjordania.

Le hizo a papá una serie de preguntas y luego le dijo: "Ken, no lo sabías, pero estabas trabajando para el MI6." Eso le alegró el día a papá. El Dr. Elletson, educado en Eton y hablante fluido de ruso, se presentó por primera vez como candidato en Burnley en 1987.

Artículo de Ken en el Gazette, *escrito tras completar sus memorias*

Lo que no sabíamos en ese momento era que el Sr. Elletson (ya fallecido) no solo era el diputado de Blackpool North, sino que también trabajaba, al parecer, encubierto para el MI6 con frecuentes viajes a Europa del Este. Se informa que el primer ministro John Major le otorgó "permiso especial para continuar su labor encubierta." Cuando se le preguntó al respecto, Elletson lo desestimó como una aparente "charla de colegiales."

Durante un viaje en coche al sur de Inglaterra con mi hermano David (alrededor de 2009), visitaron el Museo Militar y de Aviación de Tangmere. Estaba cerrado por algún motivo. David explicó que papá voló Spitfires desde Tangmere en 1942. ¿¡QUÉ!? Inmediatamente se convirtió en una celebridad; el personal apareció de todas partes, haciéndole preguntas y dándole una visita guiada VIP. Cuando llegaron a la exposición de los Spitfire, papá preguntó a mi hermano: "¿Ese es un AZ C?" Sí, lo era. "Ese es el avión que volé desde aquí hace todos esos años," dijo, y todos se emocionaron. La foto se muestra a continuación.

Peter Cam
Miami, FL, EE. UU.
Abril de 2025

KEN CAM

LÍNEA DE TIEMPO DE VIDA Y GUERRA

1921
Agosto:
Nace en Blackpool, Inglaterra.

1939
Septiembre:
Se une a la LDV (Voluntarios de Defensa Local) de Blackpool.

1940
Junio:
Se ofrece como voluntario para la RAF como mecánico. Ascendido a Piloto en Entrenamiento.

1941
Diciembre:
Asignado al Escuadrón 234 en RAF Ibsley.

1942
Mayo:
Asignado a Portreath, Cornualles.

1942
Septiembre:
Asignado a Digby, Lincolnshire, al Escuadrón 242. Zarpa hacia el Mediterráneo el mes siguiente.

1942
Noviembre:
Llega a Argel, en África del Norte.

1943
Ascendido a Oficial Piloto.

1943
Junio:
Aterriza de emergencia en la isla de Linosa y se convierte en prisionero de guerra.

1943
Julio:
Llega al puerto de Tarento en un submarino.

1943
Octubre/Noviembre:
Llevado en tren (incluidos trenes de ganado) al campo de prisioneros Stalag Luft III en Sagan, Polonia. Viaje a través de Italia y Austria.

1945
Enero:
Comienza lo que más tarde se conocería como la "Marcha de la Muerte". Los prisioneros de guerra fueron obligados a marchar hacia el oeste en condiciones de congelación, con poca comida o refugio.

1945
Abril:
Llega a Lübeck vía Hamburgo antes de hacer autoestop hasta Bruselas.

1945
Mayo:
Vuela de Bruselas a RAF Cosford en Shropshire antes de llegar a casa en Blackpool.

1946
Asignado a la RAF Amman en Oriente Medio.

1947
Octubre:
Se retira de la RAF.

1977
Regresa a Linosa para visitar el lugar del accidente.

2010
Noviembre:
Fallece Ken Cam.

www.ingramcontent.com/pod-product-compliance
Lightning Source LLC
Chambersburg PA
CBHW060510100426
42743CB00009B/1273